THE REPUBLIC of CHINA
House of Cards

民国
纸牌屋

宫兆波 ◎ 著

♠

团结出版社

图书在版编目（ＣＩＰ）数据

民国纸牌屋 / 宫兆波著. -- 北京 ：团结出版社，
2015.12
ISBN 978-7-5126-3933-1

Ⅰ．①民… Ⅱ．①宫… Ⅲ．①中国历史－民国 Ⅳ.
① K258

中国版本图书馆 CIP 数据核字 (2015) 第 268063 号

出　版：团结出版社
　　　　（北京市东城区东皇城根南街 84 号　邮编：100006）
电　话：(010) 65228880　65244790　（出版社）
　　　　(010) 65238766　85113874　65133603 （发行部）
　　　　(010) 65133603 （邮购）
网　址：http://www.tjpress.com
E-mail：65244790@163.com （出版社）
　　　　fx65133603@163.com （发行部邮购）
经　销：全国新华书店
印　装：北京艺堂印刷有限公司

开　本：170mm×240mm　　1/16
印　张：12
字　数：75 千字
印　数：4045
版　次：2016 年 1 月　第 1 版
印　次：2016 年 1 月　第 1 次印刷

书　号：978-7-5126-3933-1
定　价：25.80 元

目 录
contents

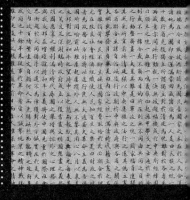

1911 年，农历辛亥年。这年 10 月 10 日，武昌城头一声枪响，"辛亥革命"爆发，大清龙廷瑟瑟发抖，一种不祥的预兆开始笼罩在紫禁城上空。自古以来，举兵造反，在王朝历史上均属大逆不道。此时在内忧外患中煎熬了七十多年的满清帝国已是奄奄一息，不得不强打精神，呻吟着举起龙头拐杖，颤巍巍地指向了龙旗飘落的武昌城。

于是，武昌枪响的第三天，即 1911 年 10 月 12 日，清政府命令陆军大臣荫昌迅速率军赶赴湖北，会同海军提督萨镇冰，水陆并进，杀气腾腾准备剿灭武昌叛乱。当时，北洋新军第五镇一马当先，其统制正是袁世凯小站练兵的老部下冯国璋。南下途中，冯国璋特意前往河南彰德拜访一人，这就是在洹上村已经隐居三年多的袁世凯。

袁府之中，袁、冯二人一番寒暄。袁世凯立即屏退左右，拉着冯国璋走进了自己的书房，只见袁世凯伸出手指，蘸着茶水，在桌子上慢慢写下了 6 个字："慢慢走，等等看"。有了袁世凯的这一暗示，冯国璋率领的北洋第五镇果然一过武胜关，便裹足不前，根本不听荫昌指挥。清廷当局这才如梦方醒，"北洋军"早已变成了"袁家军"。

原来，武昌起义爆发的第二天，正是农历八月二十，恰逢袁世凯 52 岁生日。当天晚上，河南彰德洹上村到处张灯结彩，一片鼓乐喧天。袁府上下，宾朋满座，祝寿大戏演得正酣，不是传来阵阵喝彩声。此时，只见一人急急忙忙，推门而入，匆匆走到袁世凯面前，低低耳语了一阵。袁世凯闻听，脸色陡变，"呼"得一下站了起来，大喊"停停停"，当场叫上了张镇芳等几个亲信幕僚，赶快到书房议事。

辛亥之年的秋天，注定是袁世凯的收获季节。湖北新军突然发难，袁世凯立即敏锐地意识到命运的曙光降临了。武昌枪声真是一个天赐良机，自己终于等来了出山的机会。袁世凯接下来的举动流传到后世，成为一个众说纷纭的谜团。其中流传最广的说法是，他马上指派自己的亲信幕僚张镇芳带上大额银票，火速前往北京，打点当时的庆亲王奕劻，为自己东山再起做铺垫。

辛亥革命爆发后，大清王朝气息奄奄，无奈只好起用赋闲在家的袁世凯出山收拾残局，遭到时任摄政王载沣的反对。

爱新觉罗·奕劻，满族镶蓝旗人，清末皇族宗室大臣。1894 年，被慈禧封为庆亲王。4 年后，又插上"铁帽子王"的顶戴花翎。1903 年，奕劻再次官运亨通，荣登首席军机大臣。

在晚清政坛上，奕劻王爷以"贪腐"著称，时称"丑声四播，政以贿成"，卖官鬻爵几乎到了疯狂的地步。据说，庆王府客厅里的会客桌子上，摆有一个木匣子。来客行贿的时候，为了避免不必要的客套，全都主动把金条、银票等礼金直接投到木匣之内。每过十天，奕劻都要戴上老花镜，两眼放光，亲自整理匣子里的钱物，然后逐一登记造册，再按照价钱多少，回报给行贿人相应的官职。这一切，当然难以逃过袁世凯精明的目光。从那时起，痴迷于银票子的庆亲王奕劻便成为了袁世凯围猎的头号对象。在糖衣炮弹的诱惑下，奕劻俨然成为了袁世凯的政治代言人。在朝堂之上，不断大肆鼓吹其时还在天津小站编练北洋新军的袁宫保实乃朝廷栋梁，一旦国家有难，此君必堪大用。

"辛亥革命"爆发时，庆亲王奕劻不但身为大清内阁总理大臣，而且还是监国摄政王载沣的叔叔，可谓"一人之下，万人之上"，权倾朝野。

袁世凯在天津小站练兵时，极力笼络天下英才为己所用。其中，王士珍、段祺瑞、冯国璋渐成麾下心腹爱将，时人称之「北洋三杰」。

天津小站，原为一个沽南名不见经传的无名小镇。甲午之后，袁世凯奉旨在此督练「新建陆军」，为其日后纵横民国政坛奠定了雄厚的政治基础。

无论此次行贿与否，可以确定的是，庆亲王奕劻再次老调重弹，四处奔走呼吁，力主起用袁世凯，前去镇压湖北新军叛乱。史书记载说："内庭议，起用袁项城，监国不应，且哀泣。"在听到让袁世凯出山的提议之后，摄政王载沣竟然放声大哭了起来。可是，环视满朝皇族宗室，八旗子弟早已游荡于戏馆茶楼，只会架笼遛鸟抽大烟，实在找不出一个可用之才。无奈之下，泪痕未干的载沣只得下旨，任命袁世凯为"湖广总督"，会同当时的陆军大臣荫昌一起"督办剿抚事宜"。

这一任命，实际上把袁世凯放在了荫昌之下，作为其副手协助办理武昌兵变。哪曾想，此时的袁世凯已是野心勃勃，一个小小的"湖广总督"岂能满足自己张大了的胃口？于是，袁世凯冠冕堂皇地上表朝廷，声称袁家数代世受皇恩，值此国乱当头之际，本该赴汤蹈火为国分忧，怎奈自己"足

清朝末年，清政府被迫革新政体，成立皇族内阁，预备立宪。袁世凯出山后，强迫清廷解散皇族内阁。

疾未愈"，难以赴命。摄政王载沣看到奏章之后，不禁怒火中烧，破口大骂。

原来，早在 1908 年 11 月，两天之内，光绪皇帝、慈禧太后先后病逝驾崩。按照慈禧遗命，不满三岁的溥仪被扶上了大清皇位，其父载沣出任摄政王，一手总理国政。爱新觉罗·载沣本是光绪皇帝的同父异母兄弟，正是因为哥哥光绪皇帝的缘故，早在十年前，当时还不显山不露水的载沣和袁世凯结下了深仇大恨。

1898 年 9 月，随着"戊戌六君子"喋血西市，著名的"百日维新"运动宣告失败。慈禧太后发动政变，囚禁光绪皇帝于中南海瀛台，长达十年之久，直到凄厉病死。后来，坊间一直流传光绪皇帝的悲惨下场，是由于袁世凯在"戊戌变法"中告密所致。因此，载沣摄理朝政的第一天便心动杀机，紧咬牙关发誓要立即枭首袁世凯，以报杀兄之仇，张之洞等一班朝廷老臣闻听力阻，载沣只好作罢。

　　皇族内阁解散后，袁世凯组建新一届内阁，换上了"清一色"袁氏嫡系，集军政大权于一身。

辛亥革命中，袁世凯"养寇自重"，通吃清政府、革命党。袁氏炙手可热，大清王朝日薄西山。

辛亥年末，流亡海外多年的孙中山返抵回国，在南京组建中华民国临时政府，出任临时大总统，孙、袁之争拉开序幕。

可是，"死罪可饶，活罪难免。"摄政王载沣怒气难消，随即发布诏书，称袁世凯"患有足疾"，免去其"军机大臣兼外务部尚书"，开缺回籍。灰头土脸的袁世凯从此归隐林下，一身蓑衣垂钓洹水之上。三年之后，一个湖广总督的顶戴，显然离袁世凯的期望相差甚远，所以他又把脚抬了起来，忸怩不出，跟朝廷讨价还价。袁世凯抬脚缩腿之际，大清王朝"呼啦啦大厦将倾"。在武昌起义影响下，革命星火大有燎原之势。恰在此时，又有一股势力跃跃欲试，力挺袁世凯出山收拾残局，这就是西方列强。

1911年10月20日，农历八月廿九，这一天围绕袁世凯出山发生了两件大事。当天，袁世凯的大公子袁克定拖着瘸腿，辗转来到英国使馆，拜见驻华公使朱尔典，要求清政府授予袁世凯直接指挥军队的权力，否则他难以从命。此后，英、美两国驻华公使多次约见摄政王载沣，频频施压。就这样，前线军队调遣不动，后方列强指手画脚，清政府只好开出更高筹码，敦请袁世凯出山。

袁世凯咄咄逼宫，紫禁城威严不再，一个王朝的背影萧瑟而去。

而在这一天发生的第二件事情，日后却变得扑朔迷离，这就是"徐世昌密访彰德"。对于此事，权威十足的正修官史上一直声称，在10月20日这一天，时任清廷皇族内阁协理大臣的徐世昌，受命庆亲王奕劻差遣，离开北京前往河南彰德，游说袁世凯。当着好友徐世昌的面，袁世凯开出了"召开国会，组织内阁"等六个出山条件。

在北洋系统中，1855年出生的徐世昌年龄最长，是名副其实的老大哥。早在1878年，风华正茂的徐世昌漂泊在河南陈州一带，以教书谋生，偶然间结识了比自己小四岁的袁世凯。两人一见如故，当即结拜为异姓兄弟。之后，在袁世凯的热心资助下，徐世昌进京赶考得中功名，先进士、后翰林，最后官至大清王朝首辅相国，成为有清一代官职爵位最高的汉人。1897年，受袁世凯邀请，在翰林院坐了多年冷板凳的徐世昌毅然来到天津小站，协助袁世凯编练北洋新军。至此，徐、袁二人携手共进，结下了兄弟手足一样的深情厚谊。

于是，一桩发生在辛亥年间的历史谜案，开始浮出水面，引发争议。传统的说法是，1911年10月，武昌起义爆发，朝野震动。大清内阁总理大臣的庆亲王奕劻，力主起用隐居河南的袁世凯出山平乱，并委派与袁世

袁世凯是百年中国无法回避的历史人物，生就鼻隆颈粗、天庭饱满、地阁丰硕，据说"一脸福相，贵不可言。"传世照片之上，果然气度威严。

凯关系密切的徐世昌密访彰德。一百多年来，这疑似真实的一幕被后世史书重墨渲染，言之凿凿，成为了袁世凯窃取辛亥革命成果的铁证。事实果真如此吗？

2014年9月，《徐世昌与韬养斋日记》一书出版发行，历史的迷雾才慢慢散去。这本由徐世昌后人收集整理的《韬养斋日记》显示，在1911年10月20日这一天，徐世昌在日记里写道："廿九日，未明起，入直。午正一刻散，回家。到内阁公所。"也就是说，农历廿九这一天，时任内阁协理大臣的徐世昌一直在朝廷当值，根本就没有离开北京。至此，"密访彰德"成为清末民初一大历史悬案，有待历史学家再探究竟。

不管如何，六天之后，清廷连发四道上谕，任命袁世凯为钦差大臣，并授权其指挥全国军队。于是，时任军咨使冯国璋统领的第一军、江北提督段祺瑞统领的第二军，均归袁世凯节制调遣。同时，袁世凯又奏请朝廷，委任王士珍襄办湖北军务，经理增募新军。至此，号称"北洋三杰"的"王龙、段虎、冯狗"重回帐下，北洋嫡系又一次复归旧主。

天津小站，原名新农镇，位于天津东南。1895年"甲午海战"惨败后，袁世凯奉旨前来督练"新建陆军"。从此，原本默默无闻的沽南小镇上，不时响起那首威武嘹亮的《劝兵歌》。歌里唱道："谕尔兵，仔细听：为子当尽孝，为臣当尽忠。朝廷出利借国债，不惜重饷来养兵……如再不为

孙中山回国前，曾经远赴伦敦游说英国政府，从外交和财政上支持未来的中华民国，结果失败。

在英国伦敦游说期间，英国外交大臣格雷明确告诉孙中山，英国政府力挺袁世凯出任中华民国大总统。

国出力，天地鬼神必不容。自古将相多行伍，休把当兵自看轻……"善于笼络人心的袁世凯平时爱兵如子，以至于最后北洋新军"不知有朝廷，只知有袁宫保"。

天津小站因此声名鹊起，侧身踏上了近代中国历史的风云榜上。从这个摇篮里，先后走出了后来民国政坛上的五位总统、九位总理。其中，人称"北洋三杰"的王士珍、段祺瑞、冯国璋脱颖而出，更是唯袁大帅马首是瞻，组成了"袁家军"的铁杆班底。

1911年10月30日，一列火车从河南彰德呼啸而出，沿平汉铁路隆隆南下。车厢之中，隐居了三年之久的袁世凯正襟危坐，神情肃然地率领日日部下，挥师进军湖北，镇压武昌起义的革命军。在袁世凯出山的第二天，原来磨磨蹭蹭的冯国璋突然发力，于11月1日率军迅速攻占汉口。攻占汉口后，冯国璋纵兵抢掠，放火焚城。大火整整延烧了五天五夜，烟尘蔽天，曾经繁华喧闹的长江重镇变成了人间地狱。

辛亥年末的最后一天，孙中山弃此前革命党对袁世凯的承诺于不顾，宣布就任中华民国临时大总统。

汉口之战，袁世凯威力大显。大清王朝被迫交出了自己命运的最后一根稻草，宣布解散原来的皇族内阁，哭丧着脸任命袁世凯为内阁总理大臣。与此同时，在北洋军刀的逼人寒气下，一江之隔的湖北军政府开始惶恐不安。此时，摆在黎元洪为首的湖北军政府面前，只有两条出路：一是跟北洋军血战到底，可是实力悬殊，实在没有取胜的把握；二是利用袁世凯和清朝政府的矛盾，劝降袁世凯加入起义阵营，率兵回攻清政府。

1911 年 11 月 8 日，阴云沉沉，笼罩着武昌城。湖北军政府内鄂军都督黎元洪忧心忡忡，几番思索之后，开始挥笔疾书，想劝降袁世凯率部参加革命，倒戈反清。在信中，黎元洪许诺说，将来民国建元，第一任大总统非公莫属。很快，密信送到了正在湖北孝感督师的袁世凯手上。"大总统"这个象征国家最高权力的词汇，第一次映入了他的眼帘。从那一刻起，袁世凯开始怦然心动，冲刺"总统宝座"成为了他坚定不移的政治目标。

而此时，孙中山已经正在前往英国的途中。一个月前，武昌起义爆发时，

"北洋三杰"之一的段祺瑞，又号"北洋之虎"。辛亥革命中，跟随袁世凯南剿革命党，北逼清皇室。

孙中山一夜之间宣布就任中华民国临时大总统，袁世凯闻讯如五雷轰顶，大骂革命党言而无信。

远在美国科罗拉多州的孙中山正在募捐筹款。他从当地的报纸上得知这一消息后，做了一个非常举动，不是直接回国，却直奔英国而去。孙中山此行的目的，意欲游说英国等西方列强，给予即将诞生的中华民国以外交和财政上的支持。

一路之上，好消息不断从国内传来。在武昌起义的影响下，湖南、陕西、云南、江西、广东等地先后光复独立，全国大半省份纷纷宣布脱离满清王朝的统治。心情激动的孙中山一路奔波，终于在 1911 年 11 月 14 日抵达英国伦敦。在伦敦，孙中山通过中间人致信英国外交大臣格雷，提出以"给予在华若干优先权利"为条件，以换取英国承认中国新生的革命政权，并提供资金支持。格雷在接到孙中山信函后，心里暗自思量，所谓的"中华民国政府"此时八字还没一撇，只有傻瓜才会予以承认，尤其孙中山多年来和日本关系密切，一旦支持这样的"亲日派"上台，大英帝国的在华利益前景堪忧。英国政府表示，我们保持中立，既不支持革命党，也不支持清政府，只尊重中国人民自己的选择。

武昌起义爆发后，清廷委派陆军大臣荫昌、海军提督萨镇冰水陆并进，迅速率军赶赴湖北，镇压武昌『叛乱』。

皇族内阁总理大臣庆亲王奕助，素以『贪腐』著称，史书记载『丑声四播，政以贿成』，卖官鬻爵，疯狂敛财甚至到了病态的地步。

　　而对于中国新生政权的领导人，格雷还直言不讳地告诉孙中山，如果袁世凯能驱逐满清、赞成共和，所有外国人以及反满的团体都可能"给予袁世凯以总统职位"。孙中山闻言，绝望得几乎快要窒息过去。

　　其实，早在 1908 年 11 月，随着大清王朝的最后一根支柱慈禧太后的离去，英美等西方列强已然预感到中国政局即将发生巨变。从那时起，袁世凯的行情开始一路高涨。英国驻华公使朱尔典在拍发回国的电报中，多次宣称"袁世凯"这个名字，几乎等同于"进步、统一、稳定"。

　　当时美国的《纽约时报》也大肆鼓噪，连续发表社论力捧袁世凯，盛赞他是"唯一能将和平与秩序给予中国的人"。至此，西方列强的态度极其鲜明，未来的民国总统"非袁莫属"。英国既不给予外交上的支持，也不提供财政上的帮助，孙中山只好两手空空，神情黯然，取道法国，东归香港。

孙中山，本名孙文，广东香山人。当年流亡日本时，曾有一个广为人知的化名「中山樵」，后世以此惯称「孙中山」，辛亥之年开元中华民国。

在此期间，国内局势已是瞬息万变。1911 年 11 月 13 日，新任内阁总理大臣袁世凯带着一家老小，浩浩荡荡回到了久违了三年的北京城。三天之后，也就是 11 月 16 日，行事干练果敢的袁世凯便组成了新内阁，阁僚几乎换上了"清一色"的北洋班底，满清王朝的军政大权全部归于袁氏门下。

谁曾想，四天后，就在袁世凯还沉浸在组阁成功的喜悦之中，突然传来一个消息，独立各省代表共同做出一个决定：承认武昌为中华民国中央军政府，以鄂军都督执行中央政务。黎元洪在名义上成为了独立各省的首脑，武昌也随之成为了"首义之都"。这意味着，在北京满清政府之外，又出现了一个政治中心，身为清廷内阁总理的袁世凯又怎么能袖手旁观呢？

闻讯之后，袁世凯急令冯国璋进攻汉阳。七天后，汉阳陷落。武汉三镇已失二镇，近在咫尺的武昌马上暴露在北洋军的炮口之下。果然，在 12 月 1 日这一天，北洋炮火隔着长江直接打中了鄂军都督府，浓烟弥漫中黎元洪仓皇出逃。可是，刚刚出城没多远，袁世凯竟然伸出橄榄枝，派来代表要求停战议和。此举招来非议，被后世诟病为"养敌自重"。

辛亥革命爆发后，远在美国的孙中山闻听消息立即动身，乘坐远洋客轮，前往伦敦游说英国政府。

　　深谙中国传统政治权谋的袁世凯当然明白一个道理，那就是"狡兔死，走狗烹"。一旦自己真的剿灭了武昌起义新军，早想置自己于死地的摄政王载沣岂能善罢甘休？届时是否能够保全身家性命都是一个未知数。更为重要的是，只有"养敌自重"自己才能和清政府讨价还价，实现自己的大总统梦想。

　　很快，袁世凯亮出了谈判底牌：只要黎元洪履行先前诺言，公推他做大总统，他可以逼清廷退位。5天后，江浙革命联军攻占南京，整个过程中袁世凯却坐视不救。他在发给冯国璋的电报中说："不得汉阳，不足以夺民军之气；不失南京，不足以寒清军之胆。"

　　后世的史学家对此做出高度评价，认为这是袁世凯的一个明智选择。这个充满智慧的历史举动，为后来清廷和平退位埋下了一道深深的伏笔。但是在当时，早已束手无策的满清朝廷只好跟着袁世凯的指挥棒转动。1911年12月7日，袁世凯被授予全权主持"南北议和"。议和的结果是，南方革命党再一次重申了从前的多次许诺，那就是只要逼退清廷，大总统宝座非公莫属。这意味着，袁世凯可以按照自己设计的时间表、路线图和手段方式，从容不迫地逼迫清廷退位，然后合法地莅临天下承继大统。

议和成功，战争的硝烟渐渐散去，南北局面趋于稳定。摆在袁世凯面前，似乎只有一个选项了，那就是看自己如何逼迫清廷退位。不料，这时候陡生变故，流亡海外长达十多年的孙中山回国了。

1911 年 12 月 25 日，一直被清政府通缉捉拿的孙中山抵达上海。那一天，欢迎的人群齐聚上海码头，喜庆热烈里却隐藏着一丝掩饰不住的窘迫，这为日后孙中山的命运走向留下一个巨大隐喻和象征。那一天，奔波多日的孙中山面带微笑，向欢迎的人群频频招手致意。这时候，一名新闻记者突然发问，向孙中山提出了一个看似俗不可耐的问题：孙先生此次回国，带回了多少革命义款？只见孙中山怔了一怔，然后笑着回答道：我一文不名，唯有革命精神而已。

当时，孙中山巨大的革命声望，让这种尴尬不安的气息转瞬即逝。仅仅四天后，独立各省代表召开会议，宣布在南京组建中华民国临时政府，推举孙中山为临时大总统。于是，在 1911 年的最后一天，虽然夜幕早已降临，但孙中山还是决定连夜举行临时大总统就职仪式，确定公历 1912 年为中华民国元年。

孙中山之所以迫不及待，匆匆忙忙宣誓就任临时大总统，其目的就是想赶在新年到来之前，尽快建立崭新的民主共和政权，以告慰那些前赴后继抛头颅、洒热血的革命先烈。中华民国南京临时政府的成立，更意味着延续了两千多年的封建帝制彻底寿终正寝。1912 年新年第一天，随着一轮红日的冉冉升起，一个代表中国未来希望的共和制度，跳动着跃出地平线上，喷薄而起。

然而，孙中山的这一举动，刹那间把革命党对袁世凯的许诺砸了个粉碎，使原本脆弱微妙的形势变数大增，形成了"三地四派"的政治格局，也就是在北京、南京、武昌三个地方或明或暗地出现了四派政治势力，这就是清王朝的保皇派、袁世凯的北洋系、孙中山的同盟会和黎元洪的革命党。

似乎一夜之间，孙中山轻而易举地登上了第一任民国总统的宝座。消息传来，袁世凯惊得目瞪口呆。1912 年新年的第一天，英国驻华公使朱尔典前去拜访袁世凯，只见他神情沮丧，声称自己为了实现国内和平已尽全力，但现在看来都失败了，局势正在失去控制。袁世凯愤愤不已，革命党言而无信，把自己当冤大头戏耍了一通。

没想到，几天后，袁世凯收到了孙中山发来的一封电报。大意说：由于袁世凯还担任着清政府的内阁总理，必须"引嫌自避"，因此这民国政府的临时大总统只好暂时由我代劳。但只要阁下肯推翻满清王朝，总统之位依然非公莫属。

至此，从 10 月底出山以来，在短短两个月的时间里，袁世凯先是攫军权，后又出任内阁总理，真可谓是春风得意。他手握刀把子，牵着北京清政府、武昌革命党的鼻子，想打就打，想谈就谈，仿佛一切都玩于股掌之间。突然，孙中山回国宣誓就职，一下子打乱了自己走向总统宝座的时间表。正当郁闷不已的时候，孙中山一封电报使得纷扰政局又变得峰回路转，那么袁世凯将何去何从呢？

第二章 刺宋

1911 年 12 月 21 日，从英国取道法国回国的孙中山先行抵达香港，同盟会骨干胡汉民、陈少白、廖仲恺等人前往迎接。一番握手寒暄之后，胡汉民眼望孙中山，说出了自己心中的疑问。胡汉民觉得袁世凯"实叵测、持两端"，此人不可靠，是个不可信任的人，独立各省的代表怎么能许诺袁世凯做大总统呢？因此，他力劝孙中山不要前往上海，而是直接跟自己回广东练兵。练好一支革命武装，准备北伐，一举消灭袁世凯的北洋军。没想到，这个充满革命色彩的建议遭到了孙中山的拒绝。

孙中山回答说："谓袁世凯不可信，诚然。但我因而利用之，使推翻260 余年贵族专制之满洲，则贤于用兵 10 万。"在孙中山看来，如果袁世凯真的能支持革命，利用他推翻满清王朝，其作用将胜过 10 万雄兵。显然，孙中山对于袁世凯的态度很明确，那就是"既疑之又用之"。

著名的革命党领袖黄兴对袁世凯也心存芥蒂，但在利用袁世凯逼迫清廷退位这一点上，他又和孙中山不谋而合。1911 年 11 月 9 日，黄兴特地致信袁世凯，声称：明公之才，高出兴等。当以拿破仑、华盛顿之资格，出而建拿破仑、华盛顿之事功，直捣黄龙，灭此虏而朝食。非但湘鄂人民戴明公为拿破仑、华盛顿，即南北各省，当亦无有不拱手听命者。之后，孙中山又亲自致电袁世凯，表明自己虚位以待之心，望早定大计，以慰 4 万万人之渴望。

中华民国虽然建元，但临时大总统孙中山心里明白，满清王朝在袁世凯的护佑下，依然垂而不死，南方革命党势单力薄，显然还不足以完成彻底推翻封建帝制的历史重任。因此，他只好把目光投向了北方的袁世凯。举足轻重的袁世凯，立即成为了临时政府和满清王朝进行最后博弈的重要砝码。于是，在南京临时政府成立的第二天，孙中山发出第二号电文，特意电令外交部密切注意北京袁世凯的动向。无论袁世凯有何举动，立即向他本人报告。

当时，第一次南北谈判依然还在激烈进行中。电报往来之间，孙中山、袁世凯两人对彼此的称呼也在发生着微妙的变化。南京临时政府成立之前，

谓袁世凯不可信，诚然。

但我因而利用之，

使推翻二百六十餘年

貴族專制之滿洲，

則賢於用兵十萬。

孙中山回国之初，对待时任满清内阁总理大臣袁世凯的态度非常明确，借袁之手逼迫清廷退位，结束其两百多年的封建专制统治。

其时袁世凯还担任着清朝总理内阁大臣，孙中山称之为"袁总理"。由于孙中山曾担任过同盟会总理，在电报中袁世凯也称之为"孙总理"。可是，当孙中山就任临时大总统后，袁世凯气得脸色铁青，两人之间彼此的称呼直接以字呼之。孙中山，字逸仙，被称作"孙逸仙君"；袁世凯，字慰亭，因此被称作"袁慰亭君"了。从这时候起，孙、袁之争开始露出端倪。

称呼之变引发的"口水战"丝毫不影响局势的恶化。孙中山捷足先登大总统宝座，袁世凯只好甘拜下风。恼怒之余，袁世凯似乎只有一种选择了，那就是只能按照孙中山开出的价码，准备逼迫清廷退位。然而，真要明火执仗地汹汹逼宫，这对于世受国恩的袁世凯来说，实在是于心不忍。据说，袁世凯曾经公开声称："某为大清总理大臣，焉能赞成共和！欲使余欺侮孤儿寡妇，为万世所唾骂，余不为也。"谁知，话音未落，袁世凯马上换上另外一副面孔。

1912 年 1 月 16 日早朝，在大总统宝座的诱惑下，自称大清忠臣的袁世凯走进了紫禁城东暖阁，跪在隆裕太后和小皇帝溥仪面前，痛哭流涕陈说厉害，撕破脸皮公开逼宫。隆裕太后闻听，不禁悲从中来，泪流满面。

到了中午时分，袁世凯退朝回家，路经东华门外的大街东口时，突然从一个茶楼里飞来数枚炸弹，前呼后拥的马车车队顿时乱作一团，袁世凯的卫队长等数十人被当场被炸死。机警的马夫听到爆炸声后，定睛一看，拉车之马的肠子已经被炸了出来，他顾不得许多，立即甩鞭狂抽，一直惊跑到袁府大门口，袁世凯有惊无险躲过一劫。

事后查明，此次刺杀行动确系北方革命党所为。袁世凯遇刺轰动一时，竟然诱发了一连串的多米诺效应。原来，当时满清皇室正在怀疑袁世凯和革命党暗通款曲，准备用大清基业换取总统宝座。东华门外传来的爆炸声，证明了袁世凯清白无辜，同样是革命党的死敌，否则不会遭此毒手。

袁世凯被刺，同时发出了一个极其强烈的信号，那就是革命党的势力已经渗透到了北京城。毫发无损的袁世凯，从此以躲避暗杀为借口，闭门不出，不再上朝议事。然而，深知袁氏心思的手下死党却进行大肆炒作，特别是时任民政部部长的赵秉钧逼起宫来，更是格外起劲。

御前会议上，赵秉钧公然提出，南北两个政府同时退位，再在天津组

南京长江路上，孙中山临时大总统办公楼一角。

在临时大总统宝座的诱惑下，袁世凯亲自出面威逼清廷退位。事毕回府路经东华门时，遭北方革命党炸弹袭击，险些丧命。

袁世凯遇刺后，以人身安全为借口，闭门不出，不再上朝议事。此后在紫禁城里，赵秉钧大闹御前会议，用尽各种办法威逼清廷退位。

织临时政府。王公大臣默不作声，满洲权贵则誓死反对。赵秉钧勃然大怒，喝道："天天开会，议来议去，至今都议不出个所以然来，内阁只得引咎辞职！"说罢扬长而去，"搁车"不干了。1912 年 1 月 26 日，就在袁世凯遇刺 10 天之后，保皇派的核心领袖良弼也被革命党炸死。

　　爱新觉罗·良弼刚正傲骨，素有大志，以知兵而为清末旗员翘楚。1912 年 1 月 12 日，良弼与溥伟、铁良等组织"君主立宪维持会"，俗称"宗社党"，反对南北议和与清帝逊位。良弼遇刺，是否为袁世凯借刀杀人？史学界一直争议很大。但是良弼之死，客观上使满清王朝失去了最后的一根支柱。死讯传来，满清朝廷一片恐慌，那些铁杆"保皇派"早已逃得无影无踪，而隆裕太后更是相信革命党的暗杀队已经大批潜入北京。同一天，袁世凯又指使段祺瑞联合 50 名前线将领联名通电要求清帝退位，定立共和政体。

爱新觉罗·良弼，满清皇室核心成员，时为「宗社党」领袖，为铁杆「保皇派」，坚决反对清廷退位。

良弼死后，清政府失去了最后一根支柱。残阳如血，映照着雕栏玉砌，大清龙旗飘摇欲坠。之后，清廷宣布退位，满清王朝和平体面地终结。

良弼死后，赵秉钧又一次闯进紫禁城，干脆直接摊牌。他对隆裕太后说，如能主动退位，将保证优待皇室；否者革命党催命，将有不可测之事。就这样，在袁世凯及其死党的不断摇晃下，满清王朝这棵原本枝繁叶茂的大树渐渐不支，像"拔大树"一样被连根拔起。最后，赵秉钧极尽威逼利诱之能事，可怜的孤儿寡母隆裕和溥仪万般无奈，只好眼含泪水，下诏退位。

公元 1912 年 2 月 12 日，隆裕太后接受民国优待条件，宣布清廷退位："予亦何忍以一姓之尊荣，拂兆民之好恶。是用外观大势，内审舆情，特率皇帝将统治权公诸全国，定为共和立宪国体，近慰海内厌乱望治之心，远协古圣天下为公之义。"在退位诏书的结尾处，还特别加注了一句意味深长的话，那就是由袁世凯全权组织临时共和政府。

至此，统治中国长达两百多年的满清王朝平和而体面地谢幕，袁世凯也迈出了通向总统宝座的关键一步。遍观王朝历史，每逢改朝换代，大多必定血流成河、生灵涂炭。而满清王朝与中华民国的政权交接，不费一枪一弹，这不能不说是袁世凯的一大历史功绩。清廷退位后，袁世凯开始等待远在南京的孙中山履行从前的承诺了。

　　而此时，南京城里乌云密布，临时大总统孙中山的日子并不好过。仅仅依靠"革命精神"支撑起的临时政府，从成立之日起的两大软肋，还依然死死捆绑着革命的手脚，那就是财政和外交。南京临时政府成立后，碰到的最迫切、最严重、最棘手的问题，就是财政问题。据说，有一次孙中山写了一张 20 万元的军饷批条，军需官急匆匆前去提款，结果偌大的国库空空如也，只有不到 10 块钱的库房存银了。"兵无饷自溃"，当时南京尚有 10 多万军队，临时政府陆军总长黄兴急得直想撂挑子。领不到军饷的临时政府士兵，只能四处骚扰抢掠当地百姓。一时间，南京街头哭声

外景。

孙中山临时大总统办公室

清廷退位后，南京临时政府也陷入窘迫之中。外交上无人承认，财政上捉襟见肘，山穷水尽难以为继。

曾经的大清臣子袁世凯剪掉辫子，准备以现代人身份荣登中华民国临时大总统宝座。

震天，一片乌烟瘴气，南京临时政府的形象、威信在乱兵成患中大打折扣。于是，孙中山连发两次大总统令，要求各级军官严格执行军队纪律，防止士兵骚扰抢掠市民百姓。

财政上捉襟见肘，外交上更是孤立无援。在孙中山担任临时大总统的40多天里，没有任何一个西方国家承认南京临时政府。尤其是孙中山亲自游说交涉过的英国，依然不改初衷，一如既往地力挺袁世凯。

当时，英国作为世界头号帝国主义国家依然不可一世，其在中国的贸易额高居榜首，远超其他西方列强，因此在对华关系中地位显著。正如孙中山所言："是故吾之外交关键，可以举足轻重，为我成败存亡所系者，厥为英国。"而辛亥革命所波及的地区先武昌后南京再上海，主要集中在长江流域，这正是英国的势力范围。武昌枪响，致使九州动荡，直接影响到了英国的在华利益。因此，英国《伦敦晚报》毫不掩饰地说，中国能够推翻满清王朝实现共和的不是革命党，而是大名鼎鼎的袁世凯。

公元1439年，正阳门开建。其城台高12米，是内城九门中唯一箭楼开门洞的城门，专走龙车凤辇。

内忧外患之中，中国历史上最后一位皇帝爱新觉罗·溥仪顺应大势，命人撰写退位诏书，宣布逊位于中华民国。

　　此时的孙中山真是内外交困，南京临时政府几乎到了山穷水尽的地步。正在眼看快要支撑不下去的时候，突然传来了袁世凯成功逼退清廷的消息。据说，孙中山闻听之后，神色陡变，又做出了一个令人不解的举动，准备部署军队，北伐袁世凯。众人一见，大呼"不可"，以汪精卫为首的革命党人苦苦相劝，孙中山才勉强应允履行先前革命党人对袁世凯的多次许诺。1912年2月13日，孙中山向临时参议院递交了辞呈，辞去了中华民国临时大总统，并推举袁世凯为继任者。

　　极不情愿交出权力的孙中山，此时对袁世凯还是心存芥蒂。在把临时大总统移交给袁世凯的同时，孙中山又提出了三个附加条件，这就是一、中国民国必须定都南京；二、袁世凯必须到南京宣誓就职；三、新任政府必须遵守《临时约法》。

这三个条件看似不温不火，其实相当于给袁世凯戴上了三道紧箍咒。特别是在《临时约法》中，孙中山将中华民国的政体加以变更，使中华民国由先前的"总统制"一变而成"内阁制"，其目的就是要虚化未来总统的实际权力，以此来限制袁世凯。

原来民国建构之初，在孙中山担任临时大总统的时候，实行的是美国式的"总统制"。当第一次"南北议和"渐渐接近尾声的时候，孙中山看到交出权力已不可避免，于是便有了变更政体的想法。袁世凯执政，只能实行法国式的"内阁制"。孙中山的这一举动，被后世诟病为"因人设法"。同为临时大总统，自己担任的时候，实行"总统制"。到了移交袁世凯的时候，又变成了"内阁制"。这表明，孙中山等革命党人的目光始终半信半疑，从未给予过袁世凯真正的政治信任。

其实，早在临时政府成立之前，关于"政体之争"已经爆发。1911 年12 月 25 日，孙中山到达上海的当天，围绕未来的民国是实行"总统制"还是"内阁制"已经陡生波澜。据说，还是在欢迎孙中山的晚宴之上，"政体之争"引发激烈冲突，孙中山推崇"总统制"，宋教仁力主"内阁制"。

清廷退位诏书出自状元实业家张謇手笔，行文不亢不卑，情理相融，深明大义，使得最后一个封建王朝以很有尊严的和平方式谢幕。

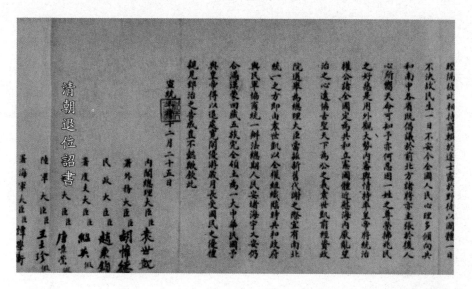

在两千多年的王朝历史中，每逢改朝换代必定血流成河，而中华民国替代满清王朝只有轻微震荡，实为政权和平交接的典范之例。

两人争得面红耳赤，最后宋教仁举杯掷地，转身离去，连夜乘车赶往南京。跑到南京后，宋教仁还是不依不饶，立即对云集此间的独立各省代表发表演说，力主实行"内阁制"。第二天，黄兴追到南京，劝说宋教仁要以大局为重，听从孙中山的意见，实行"总统制"。结果，在独立 17 省投票选举临时大总统的时候，孙中山仅以 16 票当选，这少投的一票正是宋教仁所为。但在此时，当年力主"总统制"的孙中山似乎忘记了这场争论，也顾不得什么所谓的"君子风范"，急忙改"总统制"为"内阁制"，并写进了《临时约法》，成为了制约袁世凯的一道最坚硬紧箍咒。

孙中山的这些手法，对于刚刚卸任的前清内阁总理袁世凯来说，显然已经超出了他的认知范围。1912 年 2 月 16 日下午，踌躇满志的袁世凯找来了海军上将蔡廷干，让蔡廷干帮他剪掉头顶上的辫子，一门心思只想以现代人的身份登临大总统宝座。不料，没过几天，孙中山派了以蔡元培为团长的"迎袁专使团"，要求袁世凯前往到南京就职。没想到，京津直隶等地发生了谜团一般的"北京兵变"，袁世凯以"北方不稳"为借口，拒绝南下。1912 年 3 月 10 日，袁世凯终于在北京宣誓就职，登上了临时大

孙中山辞去临时大总统之前，颁布了中华民国《临时约法》。

总统的宝座。至此，孙中山戴在袁世凯头上的三道"紧箍咒"只剩一道，那就是《临时约法》。

　　转眼到了 1912 年夏天，新生的中华民国呈现出一派和平融融的气象。卸任后的孙中山自称从此无意政治，致力改善民生事业，要为积弱积贫的中国修筑铁路十万里。正在孙中山大展修路宏图的时候，突然接到了袁世凯的邀请信，邀请他和黄兴北上会晤，共商国家建设大计。消息传来，许多革命党人认为袁世凯居心叵测，力阻孙中山北上，有的甚至以自杀相威胁。孙中山不为所动，并且慷慨陈词，为中华民族开启民主共和，即使赴汤蹈火也在所不辞。

　　1912 年 8 月 22 日，孙中山抵达北京。袁世凯命人打开正阳门，派出自己专用的金漆朱轮马车，饰以黄缎，隆重欢迎孙中山这位声名远扬的革命领袖。在一派和谐融洽的景象里，蜜月一般的"孙袁会"徐徐登场。在北京，孙中山前后逗留了 20 多天，并和袁世凯就国家大政、中外局势举行了多次会谈，气氛畅快而融洽，两人大有相见恨晚之意。每次谈话自下午 4 点至晚 10 点，有时直到午夜 12 点。其中甚至有三四次，两人一直谈至凌晨 2 点。当着袁世凯的面，孙中山表示"十年以内大总统非公莫属"。

　　而此时，被后世誉为"宪政之父"的宋教仁正在东奔西走，联合国民

议会政治是中国民国政体设计的核心内容，其目的就是把所有政治家赶回议会与法律的平台上，不要动辄舞刀弄枪，挑起武力冲突。

公党等其他小党，准备以同盟会为骨干筹建新的党派，名字叫"中国国民党"。1912 年 8 月 25 日，中国国民党成立大会在北京顺利召开，选举孙中山为理事长，宋教仁被委任为代理理事长，负责主持国民党日常工作。

宋教仁，字钝初，湖南桃源人。伟大的民主革命先行者、中华民国的主要缔造者、民国初期第一位倡导"内阁制"的政治家，因而被后世誉为"宪政之父"。在同盟会乃至国民党中，曾流传着这样一种说法，那就是"论功是黄兴，论德汪精卫，论才宋教仁"。才华横溢的宋教仁果然不负众望，带领新组建的国民党马不停蹄，四处奔走呼号，最终一举赢得了中国历史上第一次国会大选。

1912 年 12 月初，根据《中华民国临时约法》规定，北京临时政府主持组织了中华民国第一届国会选举。据统计，当时全国合格的选民大约有4000 多万人，其中 400 多万人参与投票，占比 10.5%。经过几个月的反复投票，直到 1913 年 3 月，最终选举出了国会参、众两院的议员。选举结果显示，国民党获得了参、众两院的多数席位，成为第一届国会中的第一大党。这意味着选举获胜的国民党将依法组建新一届内阁，而内阁总理的最佳人选正是宋教仁。曙光初照，中华大地春意融融，几千年专制循环的土壤上即将生发出民主宪政的嫩芽。

消息传来，袁世凯很不以为然。因为在他眼里，只有军队、金钱和枪杆子这些响当当的硬家伙，才是支撑权力的真正基础。那些从西方东传而

大清王朝黯然谢幕，紫禁城在落日残照之中充满感伤的味道。

来的所谓"民主政治"恍如海市蜃楼，实在是虚无缥缈。而对于"宪政之父"的宋教仁来说，国民党大选获胜，自己的理想抱负终于得以实现，真是可以足慰平生的一大快事。踌躇满志的宋教仁诗兴大发，写下了那首著名的《登南高峰》，最后四句是"日出雪磴滑，山枯林叶空。徐寻曲屈径，竞上最高峰。"

没想到，几天之后，正欲登临政治巅峰的宋教仁却走向了自己的生命终点。随着几声惨烈的枪响，中国历史上霞光一闪的宪政之梦喋血倒地。它凄美无比，却宛如昙花一现。

1913 年 3 月 20 日，晚上 10 点多，宋教仁在国民党同仁好友黄兴、于右任、廖仲恺、陈其美等人的簇拥下，来到上海火车站，准备乘车北上就任内阁总理。大家说说笑笑来到检票口的时候，突然宋教仁身后蹿出来一人，五短身材上穿黑大衣，猛地掏出一把手枪，对准宋教仁连开三枪。宋教仁大叫一声"我中枪了"，随即摇晃着倒在血泊之中，这就是民国历史上最卑鄙无耻的"宋教仁遇刺案"。

两天后，宋教仁在医院不治身亡，时年不到 31 岁。临死前，这位中国"宪政第一人"神情凄然，还念念不忘自己为之奋斗终生的宪政梦想。他口授了一份电报，委托黄兴发给临时大总统袁世凯。电文中说："今国基未固，民福未增，猝尔撒手，死有余恨。伏冀大总统开诚心，布公道，竭力保障

政治"蜜月期"，经常彻夜长谈。民国初建，孙、袁之间曾有过一段

上海火车站，"中国宪政之父"宋教仁生命的终点。

民权，俾国家得确定不拔之宪法，虽死之日，犹生之年。临死哀言，尚祈见纳。"

宋教仁去世的当天下午，袁世凯惊闻噩耗，失声叫道"国民党又少了一个讲理的人"。随即，袁世凯下令悬赏万元，追查缉拿"刺宋"凶手。几天后，枪杀宋教仁的真凶武士英离奇落网。在押解途中，武士英大大咧咧，满不在乎，令人生疑。只见武士英坐在汽车里，嘻嘻哈哈，不时地自我调侃说，我这辈子还没坐过汽车呢？这次好好坐一把。关进了看守所后，武士英依然面无惧色。

"宋案"发生后，袁世凯坦然面对，主张通过司法手段加以公正解决。1913 年 4 月 25 日，国民党在上海创办的《民立报》登出大幅通栏标题，声称"霹雳一声，阴霾尽揭，至此袁世凯、赵秉钧授意杀宋已成铁案。"闻听此言，袁世凯冷笑着说："我请宋教仁北上，要杀也不此时杀。"更为蹊跷的是，在开庭审判头一天，武士英突然暴死在陈其美控制下的上海模范监狱。之后，涉嫌幕后操纵的内阁总理赵秉钧也离奇死亡，轰动一时的"刺宋"案最后不了了之。

百年之后的今天，这桩民国历史"第一凶案"依然扑朔迷离，众说纷纭，成为了解读那段隐晦曲折历史的一道鲜活伤口。史学家把"刺宋"的矛头指向三个方向：一是袁世凯、二是陈其美、三是帮会分子。其中，袁世凯的嫌疑最大。原因是早在国会选举期间，袁世凯曾试图用金钱收买宋教仁，被宋教仁严词拒绝。于是，袁世凯遂起杀心。而最新的史学成果证实，"刺宋"的真正元凶应该是陈其美。不幸的是，当时以孙中山为首的国民党一口咬定袁世凯包藏祸心，悍然发动了"二次革命"。

第三章 称帝

1913 年 7 月 12 日凌晨，江西九江沙河一带突然枪声大作，炮火映红了夜色未明的天空。江西都督李烈钧指挥的"讨袁军"，率先向驻防九江的北洋第六师发动进攻，拉开了"二次革命"的战幕。三天后的 7 月 15 日，黄兴在南京宣布江苏独立。随后，安徽、上海、广东、福建、湖南等地也相继宣布独立，加入讨袁行列，南方七省再起战火。至此，国民党和袁世凯彻底翻脸，双方大打出手，中华民国成立以来的第一次内战全面爆发。

1913 年，农历癸丑年，本应是一个开启"民主宪政"的希望之年，却随着宋教仁血色身影的倒下而成梦魇。由于双方兵戎相见的主战场主要集中在江西、南京两地，因此，"二次革命"后来又被称为"癸丑之役"或"赣宁之役"。此时，距离辛亥革命的爆发仅仅过去一年半的时间。

原来，宋教仁遇刺时，当时担任全国铁路总公司督办的孙中山正在日本访问。闻讯后，孙中山立刻终止行程，风尘仆仆从日本赶回上海，召集国民党重要成员开会讨论对策。会议之上，孙中山主张武力讨袁，提出"联日速战"，先发制人。黄兴则认为"南方武力不足恃，苟或发难，必致大局糜烂"，力主暂时通过法律和国会解决"宋案"。不料，孙中山态度坚决，断然指出："国会乃口舌之争，法律无抵抗之力，各都督又多仰袁氏鼻息，欲求解决之方，惟有诉诸武力而已矣。"

在法律手段还没有完全堵塞绝望的情况下，孙中山的武力讨袁首开恶劣先例，凡是中央政府无法满足地方势力的要求，那些军头兵棍人人都可以不顾生灵涂炭，举兵相向。自此以降的民国历史黑暗沉沉，其后的军阀混战、兵祸连结都肇始于此。从正统名分而言，一个铁路督办武力讨伐合法的中央政府，这就是作乱犯上。可叹刚刚安宁了一年多的中国，再次陷入战火动荡之中。

其实，"宋案"只是这场内战的导火索。早在一年前，袁世凯就任临时大总统后，开始采用"虚省设道"措施，企图削弱全国各地不断膨胀的军阀势力。晚清以来，特别是太平天国起义爆发时，八旗子弟和绿营兵勇已经腐烂不堪，湘淮团练趁机坐大，地方主义愈演愈烈，政治格局渐渐倾

民国初期，安徽、江西、广东都督均为国民党籍。其中，江西都督李烈钧被袁世凯视为「眼中钉，肉中刺」。

宋教仁遇刺后，孙中山决定发动「二次革命」讨伐袁世凯，李烈钧奉命潜回江西湖口，伺机而动。

闻听李烈钧在江西发难，袁世凯立即发布讨伐令，命令北洋军武力镇压国民党叛乱。

　　上图　孙、袁之间撕破脸皮，兵戎相见，首开军阀混战的恶例，刚刚建立的中华民国再次陷入战火动荡之中。

　　下图　在李烈钧江西举兵的同时，黄兴也在南京聚众而起，江西、南京两地成为了"二次革命"的主战场。因此，"二次革命"也称"赣宁之役"。

宋教仁喋血上海车站，孙中山立即终止了在日本的访问，乘坐海轮星夜回国，召集国民党开会，商议讨袁事宜。

斜为"朝小野大、内轻外重"的畸形状态。

表面上看起来，袁世凯就任临时大总统似乎是大获全胜。实际上，此时的中国政局已然雷同"五代十国"，连昔日言听计从的北洋诸将也日益骄横起来，中央权威面临重重挑战。一代枭雄袁世凯岂能坐视不管，于是祭起"虚省设道"的利器，准备推行省、道、县三级地方行政体制，在省、县之间再加设"道"一级行政机构，同时向各省委派民政长，企图把行政大权从地方都督手中分割出来。

面对如此明目张胆的削权举动，江西都督李烈钧第一个跳出来反对，多次轰走了中央政府委派到江西的民政长。不但如此，1913 年 4 月 26 日，北京政府先后与英、法、德、日、俄五国银行团签订借款合约，史称"善后大借款"。没想到，几天后，同属国民党籍的江西、广东、安徽三省都督李烈钧、胡汉民、柏文蔚公然跳出来反对，通电全国声称袁世凯意在扩张北洋军队，此次借款未经现任国会批准属于非法。无奈之下，袁世凯只好让坐镇武昌的副总统黎元洪前往江西，找到李烈钧进行斡旋，试图化解中央政府与国民党的矛盾。这意味着此时的国家管理已经偏离正轨，一省都督三番五次对抗中央政府，居然需要副总统出面调停，中央权威几乎荡然无存了。尽管如此，李烈钧等国民党籍都督依然我行我素，继续公然对抗中央，袁世凯终于怒不可遏。

最初时，对于是否武力讨伐袁世凯，孙中山、黄兴意见相左。黄兴主张走议会道路，在法律框架内解决"宋案"。

1913 年 6 月 9 日，袁世凯大骂李烈钧"专制残毒、违法殃民、恣睢暴戾"，下令免去其江西都督职务。4 天后，又下令削去广东都督胡汉民、安徽都督柏文蔚的职务。7 月 3 日，袁世凯急调李纯率领北洋第六师从湖北进驻江西九江。消息传来，孙中山又一次在上海召集国民党重要成员开会，商讨对策。孙中山还是坚持"武力讨袁"、黄兴还是坚持"法律讨袁"，两人各持己见，互不相让。

但是，孙中山"武力讨袁"的主张，得到了李烈钧的坚决拥护，并自告奋勇表示愿意返回江西首先发难。1913 年 7 月 8 日，被免职的李烈钧在孙中山支持下，从上海秘密潜回江西九江，在湖口召集旧部召成立讨袁军总司令部，正式宣布江西独立，通电全国誓师讨袁。于是，新生的中华民国第一次内战爆发，宋教仁之死引发出不幸的开端，以暴制暴的政治幽灵开始游荡于此后的历史走廊上，武力代替了法律，最终演变成中华民国最为黑暗的一页。

按照中华民国的政治制度设计，所有政治家都应该在法律和国会两个框架下解决政治争端，而不是像传统中国那样，一言不合即动用军队诉诸

民国初年，北洋军队操场演兵。在"军权即政权"的时代背景下，民主共和脆弱不堪。

武力。不幸的是，当时以孙中山为首的国民党人逆历史潮流而动，从狭隘的党派利益出发，悍然挑起了民国成立以来的第一次内战，使刚刚具有公开合法性的政党政治毁于暴力革命。于是，"二次革命"失败后，国民党得到一个恶谥，那就是"暴民专制"。

1913年7月15日，黄兴抵达南京，宣布江苏独立。随后，安徽柏文蔚、上海陈其美、湖南谭延闿、福建许崇智、四川熊克武也纷纷宣布独立，举兵讨伐袁世凯。7月22日，袁世凯发布"讨伐令"，在江西、江苏两个主战场上，对"讨袁军"发起全面进攻。三天后，段芝贵率领的北洋第一军占领湖口。8月18日，北洋军攻克南昌，江西战事得以平息。

此前的7月23日，袁世凯任命冯国璋为第二军军长，率部南下，与"辫帅"张勋率领的武卫前军会攻南京。经过一个多月的激战，9月1日清晨，张勋的"辫子军"率先攻入南京城。南京失守，"二次革命"宣告失败，孙中山、黄兴、李烈钧等人遭到通缉，只好逃亡日本，从中国的政治舞台上被驱逐出去了。事后，国民党人的极端之举招来非议，遭到了社会舆论的普遍反对，甚至有人一针见血地指斥孙中山以"反袁"为

镇压『二次革命』后，召开国会选举正式大总统。在军警刺刀的威逼下，直到深夜，议员们才凑足了袁世凯当选正式大总统的法定票数。

1913年10月6日，袁世凯当选中华民国第一任正式大总统。

袁克定，字云台，袁世凯长子，元配于氏所生。民国初年，极力鼓吹帝制，帮助袁世凯复辟。1955年，袁克定病逝，享年77岁。

借口，实为争夺权力。所谓的"二次革命"是一场武装叛乱，根本不配叫"革命"。

"二次革命"这个词汇，最早出现在北洋政府的文献中。1913年11月26日，袁世凯发布了《严惩倡言"二次革命"党徒》通令。此时的袁世凯，对所谓的"民主共和"彻底绝望，决定铤而走险。在镇压"二次革命"后，袁世凯本想立即取缔国民党，解散国会，但是遭到了梁启超的反对。梁启超告诉袁世凯，国民党是国会中的第一大党，一旦取缔，国会议员凑不够法定人数，谁来选举你当正式大总统。袁世凯听后，恍然大悟，立即加快了正式大总统的选举步伐。

1914 年 7 月 8 日，孙中山在日本组建"中华革命党"。

1913 年 10 月 6 日，在荷枪实弹军警的威逼下，一天水米未打牙的国会议员战战兢兢，经过三轮反复投票，终于在晚上 10 点多，把袁世凯选举为中华民国第一任正式大总统。一个月后的 11 月 4 日，民国大总统袁世凯发布"总统令"，以"叛乱"罪名下令解散国民党，并驱逐国会内的国民党籍议员，取消国会，废除《临时约法》。至此，长达一年多的"孙袁之争"暂时画上了句号，最后以孙中山的惨败而告终。

在国民党被剿杀的凄厉声里，中华民国走进了第三个年头，这就是农历甲寅虎年的 1914 年。这一年 7 月 28 日，素有"欧洲火药桶"之称的巴尔干半岛再次战云密布，第一次世界大战爆发。在此后的 4 年多时间里，同盟国和协约国两大军事集团大打出手，企图重新划分世界利益版图。第一次世界大战爆发后，北洋政府要求德国直接将山东权益交还给中国。遭到拒绝后，宣布采取中立。而此时的日本开始趁火打劫，妄图把英美等西方列强驱逐出去，以实现自己独霸中国的野心。第一次世界大战爆发后，

在袁世凯的心目中，推开这扇大门，就可以君临天下，登上梦寐以求的权力顶峰。

紫禁城依然巍峨屹立，袁世凯的帝梦想一步步前行而来，立君牧民，至高无上的皇权魅力无穷，但又是万丈深渊。

日本迅速加入协约国，对德宣战，并于 11 月 7 日联合英军，攻占青岛，刀光血火之中把太阳旗插上了山东半岛。

　　而趁西方列强忙于欧战之际，袁世凯继续横扫孙中山的共和体制。先是下令解散国会，后又推出新的《中华民国约法》，彻底改"内阁制"为"总统制"。紧接着，袁世凯又修改"大总统选举法"，为"总统终身制"铺平了道路。袁世凯这一连串的政治组合拳，使流亡日本的孙中山拍案而起。1914 年 7 月 8 日，孙中山在日本成立"中华革命党"，以青天白日旗为党旗，发誓要维护共和，扫除袁世凯的专制统治。9 月 27 日，孙中山亲自拟定入党誓约，规定入党者必须绝对效忠孙中山本人。无论资格多老，皆须重立誓约，加按指印。这种带有浓厚传统会党的入党形式，尤其孙中山大搞"个人崇拜"的举动，遭到了黄兴的第一个反对。情急之下，黄兴甩袖而去，

身穿赭黄龙袍的洪宪皇帝袁世凯，其中隐隐透露着几丝不祥的气氛，似乎和参加葬礼一样。

公开跟孙中山反目分裂。

而在中国，日本侵华的胃口张得越来越大。1915 年 1 月 18 日，日本驻华公使日置益前来觐见袁世凯，得意洋洋地递交了一份文件，还要求袁世凯"绝对保密，尽快答复"，这就是臭名昭著的"二十一条"，要求北洋政府承认日本继承德国在山东的一切特权，企图把中国的领土、政治、军事及财政等都置于日本的控制之下。袁世凯一看，这日本强盗是要来打家劫舍。此后，中日双方开始了长达五个月的谈判交涉。面对日本人的威逼利诱，袁世凯每天听汇报、发指示，命令外交部想尽一切办法，与日本人周旋，尽量把损失降到最低点。

外交部心领神会，把袁世凯的"拖延战术"发挥得淋漓尽致。先是限定每周谈判只能进行两次，每次谈判前又故意安排"茶道"等繁文缛节占用谈判时间，弄得日本谈判代表苦不堪言。一个多月下来，谈判结果收效甚微。日本内阁见此情形，便施以武力威胁。从 3 月 10 日起，日本不断向中国东北地区、京津地区以及山东境内增兵。一月之内，三地总兵力达到 3 万多人。在日本咄咄武力的威逼之下，袁世凯见拖延谈判难以奏效，便努力争取国际社会的支持。他找来自己的政治顾问莫理循，授意他将"二十一条"想办法公之于众。几天后，英国《泰晤士报》全文刊发了"二十一条"的内容，国际舆论一时哗然。但是，贪婪成性的日本政府置若罔闻，于 1914 年 5 月 7 日向中国发出最后通牒，限令于 9 日前予以答复，否则刀兵相见。5月9日晚11时，袁世凯只好提笔签字，接受了"二十一条"中的部分条款，史称"民四条约"。

据说，正式签署条约之前，袁世凯专门叫来陆军总长段祺瑞，征询一旦中日开战，中国军队能够坚持几天？段祺瑞回答说，最多坚持两天，这仗没法打，不能打。军力对比相差悬殊，越打中国越吃亏。袁世凯听后，神情黯然地低下头来，长时间地默默无语。

"民四条约"签署后，袁世凯当即召开最高国务会议，他痛心疾首地指出，中国一定要"埋头十年，与日本抬头相见，或可尚有希望。若事过境迁，因循忘耻，则不特今日之委屈奇耻无报复之时，恐十年后，中国之危险更甚于今日。亡国之痛，即在目前。我负国民托付之重，决不为亡国之民。"随后，袁世凯下令把每年的5月9日定为"国耻日"，称"五九国耻"，以志不忘此仇。从此以后，袁世凯对日本切齿痛恨，临终之前仍念念不忘抵御外侮。他为自己写下了一副挽联，那就是"为日本去一大害，看中国再造共和"。寥寥数语，却意味深长。

北京宣武门外，维多利亚建筑风格的国民议会大楼。这座其貌不扬的西式建筑，几乎见证了民国政坛的云谲波诡。

1937 年 7 月，"七·七"事变爆发，日本侵略者发动全面侵华战争。华北地区沦陷敌手后，日本大肆网罗汉奸卖国贼，企图在华北建立伪政权。当时，隐居在天津的徐世昌、段祺瑞、吴佩孚、曹锟等人坚守民族大义，面对日本倭寇的威逼利诱，凛然拒绝出任任何汉奸伪职，这不能不说是和当年袁世凯的精神浸润息息相关。

历史人物往往具有多面性，袁世凯也不例外。一直以来，流行的史学观点认为，袁世凯为了寻求日本支持自己登基做皇帝，不惜出卖国家民族利益，签署了丧权辱国的"二十一条"，袁世凯因此被诟病百年。但是到了 1915 年，站在历史弯道处的袁世凯，终于迈出了背负历史骂名的凶险一步，这就是冒天下之大不韪的"洪宪称帝"。

1915 年春节，江苏督军冯国璋来到北京，叫上陆军总长段祺瑞一起前往袁世凯府邸，给袁大总统拜年。其时两人早已风闻，今年春节给袁世凯拜年要行叩象征君臣礼节的跪拜大礼。所以两人见了袁世凯以后，冯国璋跪倒在地，首先给袁世凯磕了一个响头。段祺瑞见状，虽然内心极不情愿，但还是跪地也给袁世凯磕了一个头。袁世凯急忙站起来说道："起来吧，起来吧，大家都是好兄弟，何必如此客套呢？"说着，走过来亲自把两人搀扶了起来。

拜完袁世凯之后，二人转身又来到了大公子袁克定府上，照例倒地跪拜。只见袁克定大模大样，一声不吭，坦然受之。哪里管你是什么陆军总长，什么封疆大吏？傲慢之状，尽显无遗。出来之后，段祺瑞心里非常非常的郁闷不平。他对冯国璋说道："我们伺候一个老的还不行？你看袁克定这个六根不全的瘸子，居然如此傲慢无礼？看他这副德行，将来要当了皇帝，我们天天给一个瘸子磕头，还有我们的好日子过吗？"

果然到了8月份，袁克定拉上杨度、严复等六人，成立了"筹安会"，开始到处大肆鼓噪废除共和，恢复帝制。一时间，北京城里各种请愿团鱼贯登场，甚至连妓女乞丐也不甘落后。他们涌上街头，高呼口号，强烈要求袁世凯登基做皇帝。不但如此，据说那一年连陶然亭周围的蛤蟆都叫得特别欢，坊间流传袁世凯乃是"金蛤蟆"转世。更神奇的是，连袁府端水送茶的小丫鬟都言之凿凿，说在袁世凯午睡时候，看见一条玉龙盘在床榻之上。惊吓之余，自己失手摔碎了一只玉杯。接着，紫禁城里又屡现"地光"，袁克定找人挖地三尺，居然挖到了一块石碑，上面写着"某年某月某日，当有王者黄袍加身"。一时间，好像天意人心都盯上了袁世凯，非要他登基称帝。

在中国历史上，每逢改朝换代的时候，往往谶语风行，各种天象祥瑞层出不穷，这次同样也不例外。传言真假难辨之际，一直把袁世凯当做莫逆之交的冯国璋突然心血来潮，非要亲自面见袁世凯讨要一个真实说法。当着冯国璋的面，袁世凯拍着胸脯说："我大儿子袁克定是个瘸子，二儿子袁克文又是个书呆子，我当的哪门子皇帝啊？"

很少一身戎装的黄兴与喜欢舞刀弄枪的李烈钧。

可是过了一阵子，袁克定的拜把兄弟陈宧受命为四川都督。临行前，他前去拜辞袁世凯。寒暄几句之后，陈宧突然伏地九叩，口称"陛下"赶紧登基称帝，微臣提前向你行礼。然后，仿效西方臣子拜见国王的古典礼节，居然伸出鼻子，凑到袁世凯的皮靴之上，闻了三闻。史书上把这令人肉麻的一幕记录在案，形象地说陈宧"三嗅项城之足而退"。

据说，当时袁克定还为袁世凯特别制作了一份《顺天时报》。早在1901年，虎视眈眈的日本人已经伸出手来，在大清帝国首都北京效仿中国风格，创办了一份专为中国人阅读的中文报纸，这就是《顺天时报》。高峰之时，《顺天时报》发行量曾经达到一万多份，一度成为华北地区第一大报纸。第一次世界大战期间，由于西方列强无暇东顾，中日关系的地位陡然上升，因此袁世凯每天必读《顺天时报》，以此来关注日本的对华动向和态度。于是"瘸子"袁克定心生一计，决定瞒天过海，采用偷梁换柱的手法，花费重金雇人编造了一份假版《顺天时报》，专送袁世凯一人阅读。在这份假版《顺天时报》上，经常刊登一些鼓吹帝制的文章。袁世凯看了以后，非常高兴，认为日本人非常赞赏帝制，于是加快了称帝的步伐。不过，纸里毕竟包不住火。时间一长，袁世凯终于知道了真相，他这件事后来被

在一个专制传统沉厚的时代，历史惯性深处的"九五之尊"浑如迷药，袁世凯沉醉其中，不能自拔。

临时大总统袁世凯的办公地，1912年夏天孙、袁在此度过政治"蜜月期"，新生的中华民国曾因此展露出一丝曙光。

捅到袁世凯那里，袁世凯把袁克定找来，问明情况后十分气愤，他把袁克定招来，拿起皮鞭就打，边抽边骂："孽子，欺父误国！"

这些替袁世凯开脱罪责的故事不管是真是假，历史的真实指针却因袁世凯自己而定格。1915 年 12 月 12 日，袁世凯下令：1916 年新朝帝制重新开启，名为"洪宪元年"，恢复君主制，建立中华帝国，实行"君主立宪政体"。

百年后的今天，史学家对于袁世凯称帝一事，给出了多元的解读。从当时的历史条件出发，袁世凯登基做皇帝，实行的不是被辛亥革命推翻的"封建君主专制制度"，而是"君主立宪制度"，这是符合当时中国国情的。

无论如何，袁世凯称帝的消息迅速传开，远在日本的孙中山立即发表《讨袁宣言》，愤怒声讨袁世凯窃国称帝。1915 年 12 月 25 日，蔡锷在云南组织护国军，"护国运动"由此爆发。最为要命的是，袁世凯手下的那些骄兵悍将也纷纷反对，其中态度最坚决的当属陆军总长段祺瑞。于是，便有了起病"六君子"、送命"二陈汤"的中药对联。上联是指袁世凯称帝的吹鼓手,包括杨度、严复在内"筹安六君子",而下联的"二陈汤"则是指陈树藩、陈宧、汤芗铭三人。他们原本曾是力挺袁世凯称帝的铁杆心腹,后来见大势已去,也加入讨袁护国行列,宣布安徽、四川、湖南独立。尤其是那个当年曾"三嗅项城之足而退"的四川都督陈宧拉下脸来,装出一副大义凛然的样子,专门给袁世凯发来了一封"劝退"电报。据说,袁世凯看后大叫一声,当场昏倒在地。

1916 年 3 月 22 日,在举国汹汹的讨伐声里,袁世凯被迫取消帝制,恢复民国。1916 年 6 月 6 日,一代枭雄袁世凯死于尿毒症,终年 57 岁。临死之时,袁世凯气息奄奄,恨恨地自语道:"他害了我,他害了我"。一般地认为,这个"他"正是指一心想当"太子爷"的袁克定。

按照《中华民国约法》,袁世凯在临终前指定了三位民国大总统继承人,依次是黎元洪、徐世昌和段祺瑞。据说,袁氏家族中一直流传着一道预言般的魔咒,那就是"长禄不长寿",家族之中的男丁很少有寿过 60 的人,袁世凯最终也没逃过这道魔咒。

袁世凯去世的第二天,继任总统黎元洪、国务总理段祺瑞发布政府令,通令各官署、军营、军舰、海关下半旗 27 日,文武官吏停止宴会服丧 27 日,民间停止娱乐 7 日,为袁世凯举行隆重国葬。而随着袁世凯巨大身影的离去,民国政坛更是变数大增。

第四章　争锋

1913 年 12 月的一天，湖北武汉迎来一个难得的冬季晴日。时近中午，汉口码头鼓乐喧天，气氛热烈而隆重。黎元洪副总统亲率众人，送几天前来鄂考察的陆军总长段祺瑞启程回京。谁知，就在二人即将挥手告别之际，只见段祺瑞的心腹亲信徐树铮猛地蹿到黎元洪身边，拔出手枪，抵在黎元洪腰间，低沉而阴冷地说道："请黎副总统随我们一起到北京就职！"顿时，黎元洪惊出了一身冷汗，随后立即明白了是怎么回事，只好乖乖跟着段祺瑞一行动身北上。

　　黎元洪，字宋卿，湖北黄陂人，是中国历史上唯一一个两任大总统和三任副总统的人。黎元洪早年求学天津北洋水师学堂，毕业后服役于北洋水师，曾参加过"甲午海战"并死里逃生。武昌起义爆发时，时任清军协统的黎元洪踏上了传奇之路。据说，当时起义新军把他从床底下硬拽而出，在黑洞洞枪口的威逼之下，黎元洪才硬着头皮当上了湖北军政府都督，一跃而成高举革命大旗的辛亥元老。大清王朝之亡，黎元洪当属头号掘墓人。

　　1912 年 1 月，中华民国南京临时政府成立，黎元洪以湖北都督身份被选为临时副总统。1913 年 10 月 6 日，袁世凯出任中华民国正式大总统，

在专制的土壤上，播撒民主共和的种子，伟大的先行者孙中山。

近雖取消帝制
論者皆謂民國中斷
大總統原有地位業已消滅
副總統名義亦當同歸消滅

身着日式军装的徐树铮，为段祺瑞铁杆心腹和高级智囊，此人个性飞扬跋扈，是引爆"府院之争"的主要推手。

冯国璋，河北河间人，"北洋三杰"之一，人称"冯狗"。后袁时代，同样不甘寂寞，垂涎三尺觊觎大总统宝座。

黎元洪又当选正式副总统。当选后，本该北上就职的黎元洪却遥领副总统身份，坐镇武汉不动，依然牢牢控制着整个湖北地区。此时，黎元洪头顶"首义元勋"桂冠，手握六万雄兵，再加上民国副总统的威势，这让袁世凯寝食难安，做梦都想把这个心腹大患调虎离山，但黎元洪以各种理由敷衍搪塞，不肯就范。

于是，陆军总长段祺瑞主动请缨，以"磋商要政"为名南下武汉，劫持黎元洪北上就职。一路之上，徐树铮横眉冷对，副总统黎元洪威风扫地，形同被押囚徒。更沮丧的是，劫持黎元洪的专列行至半路，袁世凯便发来电令，委任段祺瑞代行湖北都督一职，彻底解除了黎元洪的兵权。从此，黎元洪和段祺瑞、徐树铮结冤成仇，为日后的"府院之争"埋下了一道伏笔。

劫持到北京之后，黎元洪立即被软禁在中南海瀛台。在此期间，袁世凯极尽拉拢笼络之能事，先是与黎元洪结为儿女亲家，后来称帝时又册封黎元洪为"武义亲王"，黎元洪坚辞不就，甚至当着来使的面，把封王金册、冠冕绶带全部扔到了窗外，以示对袁世凯称帝的愤慨。尽管如此，袁世凯病逝之前，依然指名黎元洪继任民国大总统，段祺瑞执掌国务总理。从此，人称"黎菩萨"的黎元洪荣登大宝，开始和人称"北洋之虎"的段祺瑞共掌国柄。本来二人应该同心协力，好好治理已是千疮百孔的国家。可是怎么也没想到，在此后长达一年多的时间里，黎、段二人针尖对麦芒，争斗不已，史称"府院之争"。

早在 1916 年 3 月 22 日，还没过够"皇帝瘾"的袁世凯被迫取消帝制，恢复共和。此时，全国舆论纷纷逼迫称帝失败的袁世凯下台，尤其是南方护国军政府强烈要求按照《临时约法》规定，力挺黎元洪接任大总统。此时，袁世凯自知已经病入膏肓，暗暗在心中酝酿大总统的继承人。映入袁世凯脑海的首先是徐世昌，但转念一想，徐世昌势单力薄，手中没有军队，恐怕难以胜任。段祺瑞倒是手握重兵、人脉深广，但此人飞扬跋扈，尤其在自己称帝的这件事上，没少起哄架秧子。最后，袁世凯的目光停留在憨厚慈善的黎元洪脸上。作为武昌首义之区的领袖，黎元洪在国人心目中具有巨大的革命威望，又是南方革命党能够接受的人物。思来想去，最后指定了黎元洪、徐世昌和段祺瑞三人为大总统继任者，黎元洪排名第一。这一下好像捅了马蜂窝，围绕总统宝座的明争暗斗开始了。

首先，不甘寂寞的冯国璋按捺不住，于 5 月 1 日发表通电，公开表示反对。在通电中，冯国璋声称"近虽取消帝制，论者皆谓民国中断，大总统原有地位业已消灭，副总统名义亦当同归消灭。"意思是说，袁世凯称

长江巡阅使张勋，人称"辫帅"。出身寒门，先牧童后书童，乱世之中投身行伍，直至一方藩镇，发起成立"督军团"。

「府院之争」实为「印把子」之争。

黎元洪位高权轻，手无一兵一卒，尤其以「非北洋系」身份接任大总统，根本震服不了段祺瑞这些「北洋大佬」。

帝中断了中华民国的法统，大总统都没了，又哪来的副总统呢？据说，黎元洪看到这份通电之后，不无轻蔑地嘲讽冯国璋，要当总统就直接站出来，何必这样兜圈子呢？

　　对于"北洋之狗"冯国璋的这一举动，精明过人的段祺瑞心里更是跟明镜似的。其实，段祺瑞又何尝不想当这个大总统呢？可是打眼一瞧，袁世凯尚未撒手人寰，冯国璋居然就直接跳出来了，兜着圈子绕着大总统宝座紧盯着看呢，口水都流出三丈长。段祺瑞一想，我要是来争当这个大总统，冯国璋这只"北洋狗"没准就真的会狗急跳墙了。身为江苏都督的冯国璋手握重兵，坐镇南京，可不是什么好惹的主。最后，段祺瑞决定把黎元洪推出来，做一堵挡风的墙，给他一个总统虚名，自己掌握实权，跟冯国璋

袁世凯死后，段祺瑞出任内阁总理兼陆军总长。

黎元洪，湖北黄陂人，人称『黎菩萨』。

袁世凯临终前，指定了三名大总统继承人，其中黎元洪排名第一。

斗一斗。

1916 年 6 月 6 日，袁世凯溘然长逝。当天，段祺瑞以袁世凯的遗命口吻通电全国，按照《中华民国约法》规定，副总统黎元洪代行大总统职权。谁去向黎元洪宣布这个消息呢？当然是国务总理段祺瑞。一路上，心高气傲的段祺瑞边走边想，当年黎元洪就是自己手下的一名小小旅长，现在居然变成了顶头上司，见了面还要赔笑脸说好话，这段祺瑞是一百二十个不情愿。到了黎元洪府上，滑稽的一幕出现了，只见段祺瑞进去以后直愣愣地往太师椅上一坐，两眼紧盯前方，面无表情一声不吱。黎元洪见状，也坐在一旁，照样不说一句话。两人僵持了 10 多分钟，最后段祺瑞有点绷不住了，主动站起来走到黎元洪跟前，连鞠三个躬。然后，黎元洪又赶紧给他回了三个躬，段祺瑞转身就走了。

袁世凯死后，眼望着大总统的宝座，段祺瑞、冯国璋都垂涎三尺。但段祺瑞非常清楚，无论是按照孙中山的《临时约法》，还是袁世凯的《中华民国约法》，黎元洪都是无可争议的总统继任者。如果自己贸然接手总统权杖，势必会引发冯国璋的更加不满。就这样，在和段祺瑞乃至整个北洋系纠葛不清的新怨旧恨中，位高权轻的黎元洪入主总统府。1916 年 6 月 7 日，黎元洪正式就任中华民国大总统。身为江苏督军的冯国璋出任副总统，

黎元洪手中无兵，却拥有名义上的国柄权杖。上台伊始，提出废除督军、裁撤军队，遭到北洋军头抵制，阴云密布，"府院之争"由此开幕。

段祺瑞则出任内阁总理兼陆军总长，军政大权集于一身。

黎元洪继任大总统后，宣布废除袁世凯制定的《中华民国约法》，下令恢复《临时约法》和民国初年的"旧国会"。而国务总理段祺瑞对此根本不以为然，他更看重乱世中的军权武力，因为"兵权决定政权"。袁世凯在世时，他手下的那些北洋武夫，慑于自己的威严，还没有人敢明目张胆地公开造次。随着袁世凯的病逝，北洋旧部群龙无首，逐渐分裂为直系、皖系和奉系，人人都成了资历、地位、威望都相差无几的北洋大佬，相互之间谁也不服谁。那么，最终到底谁人能呼风唤雨呢？这就要看谁的政治手段更厉害，谁的政治资源更丰富。最为关键的一条是，还看谁拥有威力强大的军队。谁的军队占据上风，谁就可以控制中央政权。于是，段祺瑞以陆军总长的名义，把省级军事长官的名称由原来的"将军"改为"督军"。至此，各省督军盘踞一方，中国进入了南北分裂、军阀割据的时代，民国历史上著名的"督军团"开始登上了历史舞台。

"督军团"原名叫"各省区联合会"，最初是由长江巡阅使张勋发起

　　总统府与国务院明争暗斗，徐树铮飞扬跋扈，段祺瑞脾气暴躁，经常对黎元洪吹胡子瞪眼，总统府邸经常被闹得鸡飞狗跳。

名为"大总统"，实为"橡皮图章"，站在窗前的黎元洪在夕阳照射下，郁闷不已。

成立的，成员全部为手握重兵的各省督军，总部设在江苏徐州。鼎盛之时，"督军团"里的督军成员多达十几位。对于这样随时可以左右政局变化的军事联盟，工于心计的段祺瑞深知其能量，极力满足盟主张勋的虚荣心。

张勋，字绍轩，江西奉新人。他出身寒门，自幼父母双亡。15岁时，孤苦伶仃的张勋被迫来到当地一家大户讨生活，先牧童后书童。30岁时，才在长沙吃粮当兵。1895年，自四川投靠袁世凯。1901年调任北京，宿卫端门御前护卫，后来多次担任慈禧太后、光绪皇帝的扈从。1909年，是为宣统元年。溥仪即位后，升任张勋为江南提督，率领巡防营驻防南京。从这份履历来看，大清王朝对张勋恩重如山。因此，清廷退位后，张勋和他的手下兵丁初心不改，每人脑袋后面依然还拖着一根大辫子，人称"辫帅"。"辫帅"张勋一直以"大清臣子"自居，做梦都想拥清复辟。

没想到，袁世凯死后，原本不显山不露水的张勋也变得膨胀起来，有点想当老大的意思。1916年6月，时任长江巡阅使的张勋为实现复辟大业，在徐州官邸召集七省督军，举行了第一次"督军团"会议。三个月后，"督军团"又扩容至13省，由张勋、倪嗣冲领衔宣布成立"各省区联合会"，制定八条纲领，拥戴张勋为"盟主"。"督军团"炙手可热，"盟主"张勋更是飘飘然然，时刻窥伺着北洋政府的动向，等待机会意欲在当时的政坛上呼风唤雨。

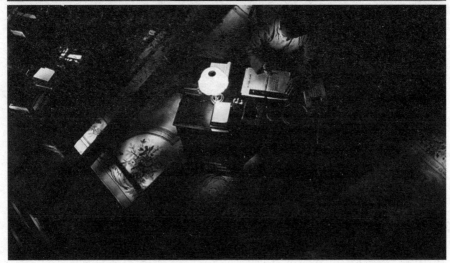

上图：20世纪初叶，手摇电话是达官贵人的身份象征。黎元洪除了总统印玺之外，做大总统的道具恐怕也只有一部电话了。

下图：第一次世界大战爆发，英美等西方列强怂恿中国出兵参战，黎元洪犹豫不决，段祺瑞坚定不移。围绕是否"参战"，"府院之争"再度升级。

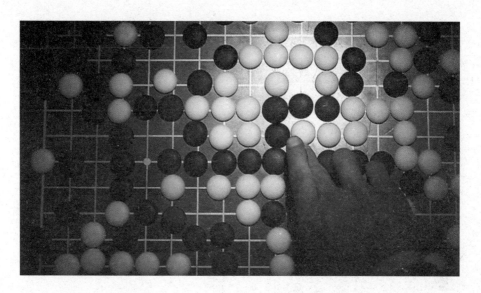

权力之争犹如棋局博弈。

而此时的北京城里，"府院之争"开始鸣锣上演。黎元洪继任大总统之后，手里没有一兵一卒，只是一个名义上的国家元首，正所谓"位高权轻，徒有虚名"。再看看，段祺瑞不但贵为国务总理还身兼陆军总长，手下兵强马壮，咄咄逼人。

黎元洪，湖北九头鸟，脑子不白给。上台没几天，提出一个冠冕堂皇的施政方针，类似他后来提出的"废督裁兵"，力主要在全国各地废除督军、裁撤军队，加强国家军队建设。段祺瑞一听，这不明摆着是冲自己来的吗？"废督裁兵"还不如要了自己的命。于是，段祺瑞内外串联、上下其手、极力阻挠，很快黎元洪的裁军计划破产了。

又过了一阵子，段祺瑞提出任命心腹亲信徐树铮为国务院秘书长，谁曾想遭到了黎元洪的坚决反对。原来徐树铮背靠段祺瑞这棵大树，平时为人飞扬跋扈。特别一想起当年劫持自己来京就职的路上，徐树铮那副凶神恶煞的样子，黎元洪至今还浑身发抖。

徐树铮与段祺瑞的关系非同一般，可以说是情同父子。据说，当年贫

当时的北京城，西式教堂和中国牌楼相映成趣。中西合璧的建筑风格透射出浓郁的时代况味，似乎尽在不言之中。

第一次世界大战时，中国军队装备的重型火炮应为德国『克虏伯』大炮，不过牵引动力只能用马拖拉。

寒书生徐树铮进京赶考，因为囊中盘缠告罄，困居在一个小旅店卖字为生，偶遇段祺瑞。段祺瑞一看此人书法，笔锋之间十分了得，攀谈之后更觉其才华过人，于是当即收留了徐树铮。此后，徐树铮跟随段祺瑞鞍前马后，渐成左膀右臂，须臾难离。

为了徐树铮能够当上国务院秘书长，段祺瑞三番五次跑到黎元洪面前，吹胡子瞪眼大闹总统府。黎元洪毫不让步，把段祺瑞气得暴跳如雷，总统府天天鸡飞狗跳。最终，黎元洪还是扭不过段祺瑞，徐树铮一脸春风当上了国务院秘书长。那时候，由于恢复了《临时约法》，民国政体也随之变为了"内阁制",但所有出自国务院的行政文书在下发之前，必须加盖一道总统印章，方能生效颁布。"府院"相互制约，总统印章成为了大总统权力的象征。这样，新任国务院秘书长的徐树铮每隔几天，便要抱着一摞文件，去找黎元洪加盖总统印章。此时，徐树铮早已知道了黎元洪阻挠自己上位，所以每次见到黎元洪时，更是蛮横无理，甚至指手画脚，根本没把大总统放在眼里。

时间一长，黎元洪忍无可忍。他对段祺瑞说，你赶紧把那个徐树铮轰走，否则我跟你没完。段祺瑞回答说，要免徐树铮也可以，你把我也一块儿免了。弄得黎元洪愣在那里，不知所措。但是，徐树铮的嚣张气焰，让黎元洪的亲信幕僚们看在眼里，气在心头。尤其是内务部长孙洪伊实在看不下去，没过几天挺身而出，开始出手反击。

孙洪伊是在反袁称帝时脱颖而出的政治新星，与时任副总统的江苏督军冯国璋过从甚密，一贯主张"联直排皖"。因此，黎元洪在接任大总统时，亲自提名孙洪伊出任内务部长，意在讨好冯国璋，对付段祺瑞。于是，孙洪伊利用自己在国会中的影响力，联合"反段"力量，与徐树铮针锋相对，频频引发冲突。一怒之下，段祺瑞以内阁总理身份签署了对孙洪伊的罢免令，仍派徐树铮前去加盖总统印章，却连续四次遭到总统府秘书长丁世铎的拒绝。最后，段祺瑞亲自出马，黎元洪依旧不准，气得段祺瑞甩袖而去，居然弃职离京。段祺瑞以辞职相威逼，黎元洪不得不再次屈服。最终，徐树铮、孙洪伊、丁世铎同时被免职。段祺瑞"二比一"获胜，才同意回京复职。

这番争斗，段祺瑞之所以获胜，因为他背后有各省督军的支持。而黎元洪麾下没有一兵一卒，只能做有名无实的国家元首，地位几乎就是段祺瑞手中的一枚"橡皮图章"。因此，黎元洪必须依靠段祺瑞的支持，而段祺瑞则需要黎元洪这样一位各方各派都能接受的人物装点门面，维护"中央政府"形象。可是，好景不长，没过几天，"府院之争"再次爆发，而且达到了白热化。

1917年，第一次世界大战的炮火依然呼啸不停，硝烟滚滚进入第四个年头。此时协约国锋芒毕露，同盟国渐渐有些不支。于是，德国决定恢复无限制潜艇战，使美国受到巨大威胁。这一年4月6日，美国以"齐默曼电报"为借口，和日本一样，加入协约国阵营，而且还要求原本保持中立的中国也正式向德国宣战。

　　当时，英美等西方列强还有日本出于自身利益考虑，力劝中国加入协约国，出兵欧洲，参加第一次世界大战。他们组团忽悠黎元洪说，德奥都是弱小之国，时间一长必定战败，届时中国也将以胜利者的姿态跻身战胜国行列，国际地位将大大提高。黎元洪一听，突生馅饼要砸头上的感觉，一直半信半疑，犹豫不决。

　　恰在此时，一个担任中华民国总统政治顾问的外国人出场了，他就是曾任《泰晤士报》驻华首席记者的莫理逊。莫理逊向段祺瑞郑重承诺，只要中国和德国宣布断交，当年大清王朝与德国签订的不平等条约和巨额赔款将全部作废。而一旦中国向德国开战，日美等国将提供源源不断的资金

　　如果"印把子"失去"枪杆子"做支撑，其势必如沙滩置景，"府院之争"的胜负结局开幕之时便已注定。

段祺瑞执意出兵参加第一次世界大战，无非想趁机编练一支"参战军"为己所用，其深沉心机路人皆知。

和军事支持。身为陆军总长的段祺瑞听后，面露喜色。尤其是听到只要中国参战，日本将出钱出枪帮助自己组建"参战军"，这对视军队如命根子的段祺瑞简直是抵挡不住的诱惑。段祺瑞心想，一旦有了日本人的支持，编练出一支能打善战的"参战军"，那自己的腰杆更硬了，有了手中的军队，便有了梦中的一切。所以，段祺瑞天天跟打了鸡血似的，极力主张对德奥宣战。

没想到，过了几天，一直担心日本乘机独霸中国的美国突然态度大变，又在背后极力怂恿黎元洪对德主和，不再支持中国参战。眼看着自己组建"参战军"的如意算盘马上落空，段祺瑞怒火冲天。于是，围绕是否参加"第一次世界大战"，亲美的黎元洪与亲日的段祺瑞各不相让，又一次大打出手。日、美之间的利益之斗，很快演变成黎、段两人的"府院之争"，并且再次白热化。

1917年2月3日，美国宣布与德国断交。随后，段祺瑞也拿着对德断交的咨文来到总统府，让黎元洪加盖总统印章，遭到拒绝。一气之下，段祺瑞又故伎重演，干脆辞职跑回了天津。黎元洪一见，连忙派人前往天津请回了段祺瑞，并乖乖地在断交咨文上加盖了印章。3月14日，中国宣布与德国断绝外交关系。

接下来，在是否"参战"这个焦点问题上，黎元洪铁了心再也不肯加盖总统印章了。1917年5月21日，气势汹汹的段祺瑞径直闯进总统府。一进门，段祺瑞虎着脸，二话不说，颐指气使地要求黎元洪立即下令对德宣战。黎元洪借口国会不同意参战，不软不硬地顶回了段祺瑞。就这样，两人越说越僵，越吵越凶，脾气暴躁的段祺瑞气得直拍桌子，最后又一次甩袖而去。

仔细一想，黎元洪之所以反对参战，其实还有一层不可告人的心思。那就是一旦中国参战，段祺瑞可以趁机训练军队，同时接受大量的武器装备，皖系的势力将会急剧膨胀，一下子变得难以收拾。段祺瑞的如意算盘，也让远在南京的副总统冯国璋看得心知肚明，因此他和黎元洪频频暗送秋波，心有灵犀地南北联手，抵制段祺瑞的参战主张。

中国参战，对于段祺瑞而言，那是自己发展壮大的天赐良机，岂能轻易放过？

为了通过对德宣战的议案，段祺瑞此时突然想起了"督军团"。于是，他把十几位督军请来，炫耀武力威逼黎元洪就范。之后，又组织一支支所谓的"公民团"、"请愿团"干涉国会讨论，终于招致众怒，内阁成员纷纷负气辞职。至此，"府院之争"已经闹得乌烟瘴气，国家命运让位于权力斗争，这大概是所有动荡年代的必然宿命。

北京政局的跌宕起伏，让远在徐州的"辫帅"张勋看到了机会，他立即假装好意向黎元洪伸出了橄榄枝。于是，有了张勋做后盾，黎元洪腰杆一下子挺直了，在5月23日果断下令，免去段祺瑞国务总理和陆军总长的职务。消息传来后，段祺瑞震惊万分。他立即指责黎元洪滥用职权，声称根据《临时约法》规定，总统无权撤销总理职务，因此不承认黎元洪的免职令。随后，段祺瑞跑到天津，操纵"督军团"成立各省军务总参谋处，唆使河南、浙江、山东、福建等七省宣布独立，并指责黎元洪为"奸人"，甚至扬言"北伐"。

　　面对段祺瑞的武力威胁，手中没有一兵一卒的黎元洪心生胆怯，明显矮了三分。陷于内外交困的黎元洪病急乱投医，再一次把求助的目光投向了"辫帅"张勋。于是，1917年6月1日，黎元洪发布总统令，紧急召集长江巡阅使张勋带兵进京进行调停。

　　在后袁世凯时代的民国政坛上，从未登上总统宝座的段祺瑞是一个可圈可点的人物。在这场著名的"府院之争"中，段祺瑞暂时败下阵来。但是，他会从此善罢甘休吗？对于支持黎元洪罢免自己的张勋，段祺瑞当然不会轻易放过。"辫帅"张勋带领着"辫子军"正急急北上，段祺瑞又一次看准了机会。"段老虎"发威，张勋已是在劫难逃。

1917 年 6 月 6 日，一列火车从江苏徐州轰鸣启程，沿津浦铁路隆隆北上。打着大总统黎元洪征召调停的合法旗帜，张勋和他的三千"辫子军"精神抖擞，飞速驰往北京城，雄赳赳地要去做拥清复辟的开国功臣。

此时，张勋的心早已飞进了紫禁城的金銮宝殿之上。张勋眯缝着眼睛，看着窗外潮水一样向后疾疾退去的树梢田野，兴奋不已。如今天下之乱，正是因为没有一个皇帝，否则哪至于出现黎元洪、段祺瑞这样的"府院之争"呢？可见什么"共和"，什么"民国"，都是些靠不住的玩意儿。只要宣统皇帝复登大位，不但自己功勋卓著，从此中国不再纷争动荡，天下即可国泰民安。

为了这个"开国梦"，早在 5 月 21 日这天，张勋即向各地发出秘函，邀请各省督军速来徐州召开"督军团"会议，共商对策。会议之上，张勋唾沫横飞，极力兜售自己的"倒黎复辟"主张，众人纷纷附和。特别是段祺瑞的私人代表徐树铮，当场表示"只求倒黎，不计手段"。于是，在段祺瑞的极力怂恿诱惑下，张勋踌躇满志，心花怒放地憧憬着复辟大业指日可成。其实，暗地之中段祺瑞已经磨刀霍霍，只要张勋胆敢拥清复辟，自己马上以"讨逆"之命，发兵京城，彻底扳倒黎元洪，再执掌北京中枢。

此时的张勋，已然被人当枪使了，却还自鸣得意沉浸在复辟梦中，哪里能识破段祺瑞的心机手段。他一门心思只想稳住黎元洪，讨来调停令。于是，张勋假装"助黎排段"，秘密致电黎元洪，支持罢免段祺瑞的内阁总理职务。孤立无援的黎元洪被彻底蒙在鼓里，把手握二万多"辫子军"的张勋奉为救星，急召"辫帅"进京调停"府院之争"。没想到，当自己的总统令发来之时，徐州会议已经商定完毕，一致支持张勋进京后先解散国会，再行"倒黎复辟"大计。

会议结束时，性格粗鲁的张勋心里隐隐犯着嘀咕，他深知这帮督军军头反复无常，于是多了一个心眼，当场命人拿来一块黄绫子，要求赞同自己主张的督军们在上面签名为证，以防空口无凭。结果，除徐世昌表示反对之外，其他与会人员全都纷纷在黄绫子上签字拥护，包括段祺瑞的私人

　　上图　徐州，古称"彭城"，地处苏、鲁、豫、皖四省接壤地带，陇海、京沪两大铁路干线交会于此，素有"五省通衢"之称。

　　下图　当年，张勋以长江巡阅使身份率"辫子军"驻防徐州，觊觎北京政坛动向，伺机拥戴清室复辟。

代表徐树铮。

　　看着签满了名字的黄绫子，张勋心里踏实起来，交给参谋长万绳栻妥善保管。接着，张勋开始紧锣密鼓地部署北上行动，他首先叫来心腹爱将张文生，面授机宜叮嘱他好好留守徐州老巢。张文生，江苏沛县人。自幼生活贫寒，逃荒途中投奔张勋当兵吃粮。因为他勤劳朴实，很快得到张勋喜爱，由排长一路升至徐州镇守使，成为了张勋麾下最为信任的得力干将之一。此时由于重兵不便进京，两人于是约定了一个暗号。一旦复辟事成，张勋便会发来电报，称"速运兰花四十盆来京"。此电一到，张文生马上发兵四十营开往北京相助。张文生点头应允，表示绝不误事。

『府院之争』白热化之后，黎元洪无兵无卒，只好签署总统令，急调表面上力挺自己的张勋进京调停。

加盖总统印玺之时，黎元洪踌躇满志。借助『辫帅』之手，段祺瑞一击即溃，哪知张勋葫芦里卖的是另外一种药。

　　此次北上，对于张勋而言是一次重大人生转折，意味着他从一个权轻言微的地方军头转而涉足左右时局的政治中枢。正因如此，张勋还是有点心虚。1917 年 6 月 7 日，也就是"辫子军"从徐州开拔的第二天，张勋率军抵达天津。虽然只有一步之遥，但是张勋不敢贸然进京，他下车专程前往段公馆，想再次探询一下段祺瑞对于"倒黎复辟"的态度。刚刚从"府院之争"中败下阵来的段祺瑞，一眼看去，精神有些沮丧。此时一见张勋果然中计北上，又多少有些亢奋不已。两人见面之后，段祺瑞根本不提张勋支持黎元洪罢免自己的事情。一会儿拍着桌子，大骂黎贼专权误国；一会儿又拍着胸脯，表示力挺张勋进京驱黎，为国除害。但最终却甩下了一句话，"你如复辟，我一定打你！"张勋以为是玩笑之语，大咧咧地告辞而出。

北上途中，张勋停驻天津，亲自拜会已经被黎元洪罢免下野的国务总理段祺瑞。

会面之际，段祺瑞口头支持张勋进京调停，实际上早已挖好了「借张倒黎」的阴暗陷阱。

临别之时，段祺瑞的最后一句话暗藏杀机，可惜性格粗犷的张勋没有品味读懂。

　　看着张勋离去的背影，段祺瑞暗自得意。事态的发展，竟然顺风顺水，一步步正在按照自己既定的计划有条不紊地推进。此时的张勋，已经完全变成了一枚棋子，在段祺瑞的政治棋盘上越走越远。见过段祺瑞之后，张勋底气更足，急不可耐地准备拔兵北上，却遭到了正室太太曹夫人的阻拦。史称"及议竟，张勋退入内室，曹氏率其子女及张宠妾，跪于张前痛哭，求其即返徐州。"

　　原来，早在"督军团"云集徐州开会之际，机警过人的曹夫人暗暗派人打探风声，已经风闻到那些军头督军私下议论说，只要张勋胆敢北上行立复辟之事，段祺瑞立即率军与他刀兵相见。看见张勋此时真的要进军北

在段祺瑞的操纵下，张勋一步一步走到了棋盘之上，变成了一枚被人利用的棋子。

深明大义的夫人曹氏，头脑显然要比张勋聪慧许多，力劝夫君不要冒天下之大不韪，以致身败名裂。

京，马上带领全家老小，齐刷刷跪了一地，哭劝张勋万万不可行复辟之事，否则将会招来祸殃，背上千古骂名。谋算多年的复辟美梦马上梦想成真，张勋兴奋不已，哪里还听得下家人的劝阻。第二天，六千扎着大辫子的"辫子军"开到北京城下。张勋稍作停留，随即赶往总统府，要求黎元洪立即解散国会，否则不负调停之责。一听此话，黎元洪如五雷轰顶，终于意识到自己请来了一尊瘟神。

此时，对于黎元洪来说，真是"前门驱虎，后门进狼"。刚罢免了段祺瑞，又迎来了要解散国会的张勋，日盼夜想的"救星"现在变成了"灾星"。更糟糕的是，"请神容易送神难"，张勋气势汹汹，竟然要求三天之内解散国会，而且没有一点回旋余地。1917年6月9日，"辫子军"进驻至天坛、

"食君之禄，忠君之事"，对满清皇室忠心耿耿的张勋毅然率兵进京，以旧朝孤臣的赤诚情怀搅动起一股历史逆流，既悲怆又悲哀。

伍廷芳，字文爵，广东新会人，新加坡华侨，为中国近代第一个法学博士，清末民初杰出的外交家、法学家。

先农坛一带，直接把刀架到了黎元洪的脖子上了。看着拖着长长大辫子的张勋，本想"借狼驱虎"的黎元洪此时终于明白了，自己一纸召令，惹下了滔天大祸。黎元洪无计可施，只能幻想满足张勋解散国会的要求，以阻止他进一步"拥清复辟"，否则自己就是"颠覆共和"的历史罪人。

但是，解散国会的命令要想生效，除了总统本人正署同意之外，还必须要有内阁总理副署签字。而新任内阁总理李经羲一直躲在天津不敢上任，黎元洪只好找代理总理伍廷芳，伍廷芳怕担骂名，一口拒绝。黎元洪又以其子伍朝枢出任外交次长为条件，再次让伍廷芳副署签字。不料，伍廷芳大怒，斥责黎元洪侮辱他的人格。此时的黎元洪沮丧万分，终于知道当总

职可解而名不可署
头可断而法不可违

上图 伍廷芳大义凛然，拒绝在黎元洪宣布解散国会的总统令上签字，态度决绝可谓斩钉截铁。一声怒喝，让民国时期的士人风骨重生纸间，熠熠生辉。

下图 一世枭雄的段祺瑞，有着鹰隼一样的逼人目光。

统是一件苦差事。中华民国总统，表面上看起来风光无限，实际上没有任何实惠可言。黎元洪曾不止一次地抱怨说，自己每个月都要倒贴 30 万元作为日常开支，一年下来就多达 300 多万元。但权力充满的诱惑力实在难以抵挡，尤其是国家最高权力更是如此。两任大总统、三任副总统，黎元洪对于权力的痴迷几乎到了疯狂的地步。

沉寂多年的紫禁城，似乎随着张勋的到来，满清皇室迎来了一丝隐隐不安的希望之光。

而张勋听说黎元洪已就范，就缺伍廷芳签字，于是派人来威胁伍廷芳。此时的伍廷芳已经双耳失聪，却丝毫不为所动。这位中国第一个留洋法学博士说："职可辞而名不可署，头可断而法不可违！"无奈，黎元洪又派人去天津找李经羲，李经羲说："我未就职，不算总理。"不签。受派的人急了，竟然没脸没皮地去找半月前刚被免职的段祺瑞，段祺瑞幸灾乐祸地冷冷说道："我已经下台了，哪有副署的职权？"

由此可以再一次看出，在武力当道的民国时期，谁拥有了军队，谁便拥有了政权。因此，手中没有一兵一卒的黎元洪当年登位总统，原本就根基不牢。这时候，张勋兵戎相逼，黎元洪急得要哭，只好哀求京津临时警备总司令王士珍"帮忙"当一回总理，也遭断然拒绝。此时，一个人挺身而出，那就是任步军统领的江朝宗。1917 年 6 月 12 日，黎元洪急忙任命江朝宗为代理国务总理。江朝宗权迷心窍，根本不顾身后骂名，居然敢冒天下之大不韪，捧着委任书立即挥笔副署签字，悍然下令解散国会。就这样，在张勋的武力威逼下，解散国会的文件终于在 6 月 13 日凌晨才最后发出，国会就这样荒唐地被解散了。

金銮宝殿之上，在张勋的跪拜声里，君临天下的威严死灰复燃。

「建极绥猷」是紫禁城太和殿匾额上的四字，寓意「真龙天子」面对皇天、庶民，负有双重神圣使命，既须承天而建法则，又要抚民而顺大道。

1917 年 7 月 1 日，当夏日暖阳照进紫禁城太和殿上时，在张勋等人的拥戴下，年仅 12 岁的大清末代皇帝溥仪宣布复辟，民国六年改元宣统九年。三叩九拜之后，张勋奏请溥仪说："隆裕皇太后不忍为了一姓尊荣，让百姓遭殃，才下诏办了共和，谁知办得民不聊生。共和不合咱的国情，只有皇上复位，万民才能得救。"溥仪连连点头，接着发布即位诏书，称"共和解体，补救已穷"，宣告亲临朝政，收回国家治理大权。

终于当上了开国功臣的张勋，自封首席"议政大臣"，兼任"直隶总督"和"北洋大臣"，加赐紫禁城骑马。张勋的梦想成真，身着大清朝服顶戴，终于登上了人生的巅峰。"食君之禄，忠君之事"，在中国历史的走廊上，像张勋这样誓死效忠前朝王室的不二忠臣，也算是一张"愚忠报国"的典型面孔了。几个月后，远在广州的孙中山曾经如此评价过张勋："张

紫禁城内太和殿前的内金水河，雕栏玉砌依然在，只是朱颜改。

1917 年 7 月，在张勋等人的拥戴下，清朝末代皇帝溥仪宣布复位，可惜只有短短的 12 天。

晨曦薄雾笼罩之下，此时的紫禁城剪影摇曳，楼阁殿堂巍峨屹立，重重叠叠气势犹似当年。

勋强求复逆，亦属愚忠，叛国之罪当诛，恋主之情可悯。文对于真复辟者，虽以为敌，未尝不敬也。"

更可笑的是，黎元洪因为"还政有功"，居然被张勋下令册封为"一等公"。黎元洪怒不可遏，总统府依然高悬共和五色旗。7 月 1 日这一天，黎元洪以民国大总统的身份连发三道电令：一是要求各地立即讨伐国贼；

一 各地立即討伐國賊
二 起用段祺瑞爲國務總理
三 由在南京的副總統馮國璋
　　代行總統職權

　　上图　张勋拥清复辟，摇晃着当时政局峰回路转，黎元洪意识到自己已经沦为颠覆民国的历史罪人，遂以总统身份下令讨伐国贼张勋。

　　下图　段祺瑞应声而起，誓师天津马厂，打得"辫子军"溃不成军。战火燃起，无辜百姓难逃劫难，尸横遍野。

在民国历史上，张勋是一枚绕不开的符号。

二是宣布起用段祺瑞为国务总理；三是宣布由在南京的副总统冯国璋代行总统职权。第二天，黎元洪进入日本公使馆寻求政治避难。北京城里，大街小巷挂满了大清龙旗，一夜之间又回到了大清时代。段祺瑞寓居天津，黎元洪躲进使馆，民国总统、国务总理先后被迫甩手离去，北洋政坛变成了一片真空地带。

1917年7月3日，段祺瑞见"借张驱黎"的目的已经达到，于是便以奉令讨逆为名，率军在天津马厂誓师起兵，讨伐张勋。没几天，"辫子军"兵败如山倒，张勋慌了手脚，立即致电各省督军赶紧发兵增援，结果竟无一人响应。无奈，他只好按照事先约定的暗语，叫人赶紧拍发电报，命令远在徐州的心腹爱将张文生"速运兰花四十盆来京"。接到电报后，张文生知道张勋大势已去，便故意装疯卖傻，居然真的给张勋运去了40盆兰花。张勋一见，几乎气得要吐血，大骂张文生卖主求荣。

最后，在段祺瑞"讨逆军"的猛烈进攻下，张勋北上带领的"辫子军"不堪一击。双方7月7日交火，7月12日即告结束。6天的战事，实际上只真正对阵了两天，三千"辫子军"很快一败涂地。张勋战败，逃进荷兰使馆，短短12天的复辟闹剧就此草草收场。

张勋后来寓居津门，经营产业，热心公益善举。他出身贫寒，生前曾

张勋拥清复辟失败后，紫禁城带着最后一缕余晖也渐渐消失在历史的深处，但对于独裁专制的皇权迷恋似乎并未远去。

在江西老家奉新多次开过善堂，自筹粮款救济难民。后来，又在北京出资建立江西会馆，设立专项基金资助江西老家的大学生，其中大名鼎鼎的方志敏、张国焘、许德珩等人都沐过其惠。1923 年 9 月 12 日，张勋病逝于天津，享年 69 岁。噩耗传来，清朝逊帝爱新觉罗·溥仪哀惋不已，有感于张勋一生对大清王朝的忠心不贰，下令赐谥张勋"忠武"二字。

1917 年 7 月 14 日，在一片"再造共和"的赞叹声中，段祺瑞雄赳赳、气昂昂地回到了北京，复任国务总理。随后，段祺瑞假惺惺地来到日本领事馆，恳请黎元洪回府复职。然而，黎元洪自觉征召张勋进京，惹来弥天大祸。因而愧对国人，毅然宣布辞职下野，回到天津颐养天年。

复辟闹剧，虽同儿戏，却关乎国体更迭，这让中国在当时的国际舞台上出尽洋相。北洋政府痛斥祸首张勋为"国贼"，要求荷兰使馆引渡审判。而此时的张勋已如惊弓之鸟，为了便于出逃国外，"辫帅"居然剪掉了他爱如命根子的大辫子。眼见四面楚歌，张勋想到自己手中还有一个"法宝"，那就是徐州会议结束后，各省督军签字赞同复辟的那块黄绫子，上面还有段祺瑞亲信徐树铮的大名呢。没想到，铁证般的黄绫子早就不在了。原来，心机深沉的段祺瑞早已暗通冯国璋，花下 20 万大洋，从参谋长万绳栻手里买了出来给烧毁了。张勋本想拉上几个垫背的，尤其想拖上段祺瑞一起来出丑，结果早已被人捷足先登，算计得滴水不漏。

其实，在这场"借张驱黎"的权力游戏中，冯国璋也没少给梦想复辟的张勋释放烟幕弹。在徐州会议上，冯国璋的秘书长胡嗣瑗明确表示，冯副总统不反对复辟。而等到张勋刚一进京，冯国璋立即发出通电，警告张勋不要轻举妄动，否则后果自负。后来，张勋果然中计，参与进来开始搅局。这背后的推手不言自明，而最后的赢家当然是冯国璋、段祺瑞。这两位北洋大佬或明或暗地上下其手，借用张勋之力，赶走了黎元洪，双双登上了民国权力的顶峰。

黎元洪辞职后，段祺瑞立即电促冯国璋北上就职。据说，电报上只有寥寥四字——"四哥快来"。终于，冯国璋如愿以偿地当上了民国代理大总统。1917 年 8 月 4 日，冯国璋终于来到北京代理中华民国总统。在这之前，对于是否北上就职，冯国璋纠结不已。如去北京，离开自己的地盘，有可能像黎元洪那样被段祺瑞控制；不去北京，段祺瑞又有可

黎元洪走了，冯国璋来了。

「长江三督」之一，江西督军陈光远。

能乘机把持中央政权。思虑再三，冯国璋开始调兵遣将，首先宣布调任李纯为江苏督军，为自己看守老巢南京。同时，擢升第十二师师长陈光远升任江西督军，接替李纯。再加上湖北督军王占元，时人称为"长江三督"。

经过一番苦心布局之后，冯国璋才坦然北上，与国务总理段祺瑞共同执掌北京政府。由于张勋复辟，赶走黎元洪，取消国会，《临时约法》也随之变成了一张废纸。段祺瑞复职后，拒绝恢复国会和《临时约法》，由此激怒了一个人，他就是孙中山。

1913 年"二次革命"失败后，孙中山等人遭到通缉被迫流亡日本。在此期间，孙中山依然高举民主共和大旗，发起成立了备受争议的"中华革命党"，并邂逅自己好友宋嘉树的女儿宋庆龄，于是上演了一幕"英雄美人"的经典爱情故事。由于二人年龄相差悬殊，对于这段有点不伦之爱的恋情，党内元老、宋家父母纷纷表示反对。但是，孙中山、宋庆龄不为所动，冲破种种阻力，毅然结为伉俪。此时的孙中山其实在政治上已经被彻底逐出中国政坛，几乎连一点曙光都看不到了，唯一的选择就是像无数常人一样娶妻生子，在日本过着平平淡淡的家庭生活，最后终老海外。谁知道，在沉寂落寞三年之后，传来了袁世凯悍然称帝当皇帝的消息，随之"护国运动"风起云涌。孙中山一看，真是机不可失，时不再来，立即打点行囊，准备回国。1916年5月，正是日本樱花落英缤纷的季节，孙中山结束了低沉压抑的海外流亡生涯，偕年轻美丽的夫人宋庆龄返抵上海，伺机东山再起。

1917年7月，张勋复辟失败，黎元洪辞职下台，段祺瑞复任国务总理，冯国璋走马上任中华民国代理大总统，政坛风波得以暂时平息。可是，上台不久，段祺瑞拒绝恢复国会和《临时约法》。这一举动，没想到再度引爆了民国历史上的又一次大动荡，史称"护法运动"。

在孙中山的心目中，当年的南京临时政府虽然是中华民国的前身，但它的法统最正宗、最纯正、最革命。自此以后的历任政府，都是北洋军阀弄权的非法政府。《临时约法》至高无上，不容亵渎。因为有了法统，就有了执行的合法性。孙中山举起护法大旗，就是要证明当年自己出任的临时大总统才是唯一合法的民国总统。这在出身行伍的段祺瑞看来，什么民初国会、什么《临时约法》，全是荒唐可笑的事情。尤其是黎元洪也把这些碍手碍脚的东西奉为至宝，拿来做挡箭牌来和自己大搞"府院之争"。现在黎元洪下台了，政敌之坚持者我必反，因此当然不会恢复国会和《临时约法》。结果，这一下又让让孙中山跳了出来。

1917年7月19日，在前海军总长程璧光的支持下，孙中山乘坐军舰从上海南下广州，拉上西南军阀陆荣廷、唐继尧，收拢了100多名散落各地的国会议员，召开"非常国会"，成立了中华民国军政府，自任海陆军大元帅，举起护法大旗，宣称要打倒北洋军阀专政的虚假共和，推翻以段祺瑞为首的北洋政府，重建新生共和的民主法统。

为了壮大护法声势，孙中山还想到了隐居天津的前总统黎元洪。一天，他叫来了护法军政府新任海军总长程璧光，附耳低语了一番。程璧光频频点头，会意微笑，深深被革命领袖的深谋远虑所折服。此时的黎元洪虽然身为布衣，隐居天津，但作为刚刚下台前任民国大总统，其身后依然还有一批追随者，政治分量依然沉甸甸的。如果能把黎元洪接到广州，加盟中华民国军政府，护法阵营的力量将会大大加强。

原来，当年服役北洋水师服役的时候，程璧光曾经担任过广甲舰管带，黎元洪是其不可不扣的下属。据说，程璧光初见黎元洪时，便觉此人气宇不凡，故待之甚厚。后来，黎元洪当上了民国大总统，投桃报李，极力向内阁总理段祺瑞推荐程璧光出任海军总长。孙中山显然知道两人交游甚厚，于是让程璧光派出两艘军舰北上天津塘沽，接应老部下兼老上级的黎元洪南下护法。谁知，精明过人的段祺瑞早有防备，等到两艘军舰在塘沽靠岸之时，立即派兵加以扣押，孙中山携手黎元洪共同护法的企图化为泡影。

南方护法轰轰烈烈，北洋政府心急火燎。看到孙中山在南方以护法为幌子，冲着自己摇旗呐喊，决定武力镇压"孙大炮"，第二次南北战争一触即发。

其实，中华民国军政府或者说护法军政府的成立，意味着中国出现了"两个政府"、"两个太阳"，一南一北再度陷入分裂和对峙之中。孙中山所发起的"护法运动"，实际上向百年前的中国民众发出了一声呼号，中国到底向何处去？是走向民主共和还是走向独裁专制？面对"护法运动"的爆发、南北分裂的局面，民国代理总统冯国璋、国务总理段祺瑞将会如何应对？这两位北洋大佬会一心一意，携起手来共同对付南方的孙中山吗？

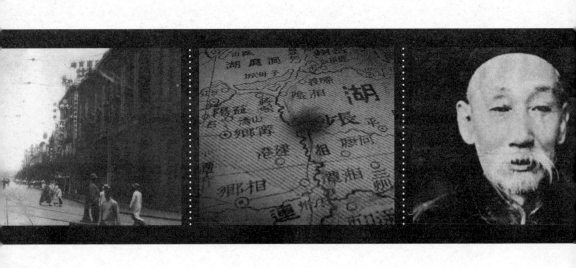

第六章 斗法

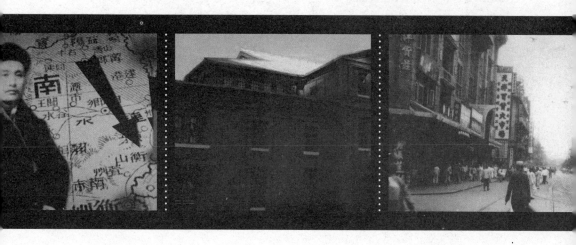

1917 年 10 月 6 日，秋天的阳光冉冉升起，血色般地洒落在三湘大地之上。突然，一阵紧似一阵的炮火声隆隆响起，厮杀声顿时打破了清晨的宁静。在湖南湘潭一个名叫"西倪铺"的小地方，北洋军、护法军接火交战，第二次南北战争由此打响。此后的几天间，段祺瑞的铁杆嫡系傅良佐坐镇长沙，以湖南督军身份指挥着北洋第八师、第二十师兵分三路，凌厉出击，打得湖南护法军节节败退，并于 10 月 11 日攻占湘南重地衡山。此时距离"湘南护法军总司令部"衡阳，只有一步之遥。

眼看胜利在望，北洋军却戛然而止，裹足不前。见此情形，长沙城里的傅良佐心急火燎，不断电报催促施压，但北洋第八师、第二十师依然纹丝不动。两军的师长王汝贤、范国璋百般推诿，双双和傅良佐打起了太极拳。不但如此，盘桓观望一个多月后，到了 11 月 14 日这一天，王汝贤、范国璋二将又出奇招，在湖南前线突然联名通电，主张南北双方立即停战议和，并率部主动撤离衡山。

原来，王汝贤、范国璋乃是冯国璋手下的两员直系悍将，不愿再充当段祺瑞、傅良佐南讨护法军的炮灰。于是，在冯国璋的唆使下，王、范二将突然在前方通电发难。这充满戏剧性的一幕，将本已对立的直皖两系矛盾激化升级。

1917 年 7 月，是一个乌云翻滚的月份。在短短不到一个月的时间里，民国政坛剧烈动荡。张勋复辟、黎元洪下台、段祺瑞复任、冯国璋就任代理大总统，而孙中山则在广州高举护法大旗，成立护法军政府。一时间，护法运动风起云涌，中国南北再陷分裂。新任代理大总统冯国璋为争夺北洋正统地位，力主和平方式解决南北争端；而国务总理段祺瑞却想独霸北京政权，主张诉诸武力。这意味着围绕南北问题，冯国璋、段祺瑞之间出现了一道深深的裂痕。

同为"北洋三杰"，两人原本亲如手足，但权力使人疯狂。当初袁世凯死后，冯国璋倚仗英美等西方列强，段祺瑞背靠东洋日本撑腰，两人开始频频过招，觊觎大总统宝座。当时直、皖势力旗鼓相当，明争暗斗的结

傅良佐，字清节，祖籍江西，1873年生于湖南省吉首。1916年6月，出任陆军次长，与徐树铮、靳云鹏、曾毓俊并称为段祺瑞的"四大天王"。

果最终达成妥协，同推黎元洪为大总统，剩下的蛋糕由冯、段二人切分，这就是冯国璋出任副总统，段祺瑞出任国务总理的原因。

后来，段祺瑞借张勋之手扳倒了黎元洪，冯国璋接任代理大总统。初始之时，冯、段二人配合得还算默契。上台10天后，冯国璋立即满足了段祺瑞的参战的要求。1917年8月14日，中国正式加入协约国阵营，宣布对德、奥开战。当年与黎元洪大打出手而争斗的参战梦想，此刻终于变成现实。但是，英美等西方列强随之突生变故，不准中国直接派军队参战，只让十万中国华工来到了欧洲战场，从事工程运输等后勤保障工作。

但是，当"护法运动"爆发的消息传来时，一向迷信武力的段祺瑞连想都没想，立即要求诉诸武力。谁料，这次代理大总统冯国璋却另有打算，极力主张"和平统一"。府院双方各怀心思，互不相让。明为国策之争，结果很快演变成一场权力斗法。在权力魔杖的迷惑下，冯国璋、段祺瑞都各怀鬼胎，谁都渴望把自己打扮成北洋正统，以攫取北京政府乃至全国最

护法运动风起云涌，段祺瑞主张武力镇压。

围绕南北统一问题，冯国璋、段祺瑞展开了新一轮权力斗争。

高权力。于是，在对待南北统一的问题上，两人开始南辕北辙，又一轮权力博弈上演了。

　　段祺瑞之所以极力推崇"武力统一"，其实心里还有一层见不得人的秘密。那就是一旦南北战争爆发，直系冯国璋的势力老巢江苏、湖北、江西等地将会变成前沿战场，届时自己控制的军队蜂拥而入，兵不解刃即可占领长江流域的直系地盘。冯国璋当然一眼看穿了这些伎俩，不禁倒吸一口凉气，心想这段祺瑞真是心机深沉，叵测恶毒似老虎，居然想趁机吞下自己的看家老本。于是，冯国璋气不打一处来，暗地里鼓捣江苏督军李纯、湖北督军王占元、江西督军陈光远赶紧发声，抵制段祺瑞的"武力统一"政策。于是，"长江三督"遥相呼应，纷纷上阵，每人都说了一大堆冠冕堂皇的大话，力挺冯国璋。

坐在大总统府里的冯国璋，更是身体力行，处处为难打压段祺瑞。因此，对于段祺瑞呈报上来的"讨伐令"，他百般推诿，采取"不讨论、不签字、不盖章"的"三不"政策。段祺瑞急得抓耳挠腮，最后决定绕开冯国璋，擅自发兵征讨孙中山。这一鲁莽举动，打开了两人之间猜忌隔阂的阀门。此时的段祺瑞已经孤注一掷，他把恶狠狠的目光首先投向了三湘大地湖南。

湖南位于中国中南部，北通江汉、南接两广、西邻川黔，是北洋军队攻取西南诸省的咽喉要地，"攻占湖南，西南必危"。1917 年 8 月 6 日，段祺瑞以国务总理名义，下令免去湖南督军兼署省长谭延闿的职务，委任自己的心腹爱将傅良佐督军湖南。与此同时，段祺瑞还增兵川、闽、浙、赣等地，抽调军队合攻广东，以期策应湖南战场作战。

傅良佐入湘，西南诸省震动。消息传来，广西督军陆荣廷惊出一身冷汗，听着段祺瑞磨刀霍霍的声音，觉得自己已成俎上鱼肉。一旦湖南战事爆发，南北力量相差悬殊，北洋铁蹄踏来，西南必定难以自保。因此，他立即致电冯国璋，要求收回撤换湘督的命令，维持湖南现状，把它划为军事缓冲地带，以求南北和平。

西南诸省的表态，为冯国璋决心掣肘段祺瑞增添了一道砝码。恰在此时，段祺瑞犯下了一个致命的错误，那就是跟随傅良佐入湘的两支北洋军队并非自己嫡系。1917 年 9 月 28 日，新任湖南督军傅良佐踌躇满志，任命北洋第八师师长王汝贤为"湘南各军总司令"，第二十师师长范国璋为副司令，负责组织指挥湘南作战。在段祺瑞的调兵遣将下，南北开战已成定局。孙中山领导的南方护法军被迫迎战，决定以武力"驱逐傅良佐，收复湖南，以固两广门户"。1917 年 10 月 6 日，湖南护法军各路将领齐集湘中衡阳，宣布成立"湘南护法军总司令部"，公推程潜为总司令。同一天，第二次南北战争正式爆发，三湘大地顿时陷入血火刀光之中，军阀混战的黑暗一页由此翻开。

战事一开始，北洋军处于明显优势，几乎是所向披靡，数天之内便饮马湘南衡山，攻克湖南全境只在旦夕之间。捷报频传，段祺瑞喜不自禁，自己的"武力"梦想仿佛伸手可及了。可是，冯国璋急了，便暗中唆使王汝贤、范国璋前线发难，通电要求停战议和。段祺瑞闻听，几乎惊倒在地，可让他没想到的糟糕消息还在不停传来。

　　1917 年 11 月 14 日，湖南全境攻克在即，不料王汝贤、范国璋二将通电停战，随即拔兵北上，撤离衡山前线。随后，南方护法联军迅速反击，于 6 天后的 11 月 20 日轻取长沙，湖南督军傅良佐狼狈逃窜，段祺瑞"用兵湖南以制两广"的讨伐计划宣告失败。之所以如此，是因为王、范二将属于直系阵营，段祺瑞欲行借刀杀人之计，冯国璋当然满腹怨恨，于是一边联系西南军阀，一边暗示前线部队马上撤出战场，拔兵北上回撤湘北岳阳，一下子把段祺瑞闪了个目瞪口呆。

诸省震动。傅良佐取代谭延闿督湘，西南

陆荣廷，字干卿，壮族，1859 年生于广西武鸣。自幼孤寒，生性胆大妄为，少年之时便展露泉雄本色，率众啸聚山林，成为威震一方的山大王。

段祺瑞一身日式军装，"亲日派"的嘴脸一览无余。

1917年7月，冯国璋出任代理大总统时年近六旬，看上去略显倦神态，职业军人的威武挺拔之姿已然有几分褪色。

　　与此同时，护法运动风起云涌，迅速席卷了大半个中国。1917年11月18日，冯国璋对准段祺瑞胸膛，又打来致命一拳。他故伎重演，又一次暗中指使铁杆心腹"长江三督"出马，又拉上直隶督军曹锟发表联名通电，主张南北罢兵休战，和平解决中国统一问题。经过一番明争暗斗，冯国璋大胜，段祺瑞惨败，"武力统一"中国的计划彻底破产。眼看大事可成，由于冯国璋不断掣肘作梗，最终功亏一篑。段祺瑞气得七窍生烟，恼羞成怒，大叫着要辞职不干了。

　　刚一开始，冯国璋并不以为然，以为段祺瑞也就吆喝吆喝出出心中恶气而已。可是，1917年11月20日，在得知日本政府幕后力挺自己的消息后，段祺瑞有恃无恐，果真向冯国璋提交了辞呈。此时的冯国璋误以为独掌北京中枢的机会来到了，于是三天后毫不客气地将段祺瑞免职，任命王士珍为国务总理，段祺瑞内阁再次倒台。

　　所谓"一山不容二虎"，冯国璋此次罢免段祺瑞，也是经过深思熟虑的。因为当时直、皖势力旗鼓相当，不到万不得已的地步，谁也不敢轻易贸然出手，打破权力博弈的平衡格局。此次罢免段祺瑞，意味着冯段二人撕破脸皮，直皖两系公开分裂。1917年11月25日，冯国璋颁布停战令，段祺瑞的"武力统一"政策彻底破产，南北双方暂时罢兵休战，战火中的三湘

曹锟在副总统头衔的诱惑下，转而支持段祺瑞，与以江西督军陈光远为首的『长江三督』针锋相对。

大地也迎来了短暂的平静。

在冯国璋的重拳打压下，嗜权如命的段祺瑞惶恐难安。几天后，萧瑟寒风之中，段祺瑞垂头丧气地回到了天津。他找来心腹干将徐树铮紧急密谋，商讨对策，试图伺机再起。于是，徐树铮依计而行，开始东奔西走。1917年12月2日，在段祺瑞主持下，"北方十督"齐集天津，再次举行"督军团"会议，强烈要求冯国璋明令讨伐西南诸省。在这次"督军团"会议上，出现了两个令冯国璋不安的身影，一个是号称"东北王"的奉系首领张作霖，另一个则是几天前还通电全国支持自己的直隶督军曹锟。

曹锟，字仲珊，1862年出生于天津大沽口。曹锟出身贫寒，年少时曾以卖布为生，后来入学天津武备学堂，开始了自己的戎马生涯。1916年9月，曹锟升任直隶督军，驻防保定，拱卫京畿地区。曹锟手握重兵，相距北京只在咫尺之间，已然是北洋政坛上的一颗耀眼明星，一时成为了各派政治势力极力争取的重量级砝码，据说，曹锟生性多变，实用功利主义至上，谁给我好处多，我就跟谁干。在名义上，曹锟属于冯国璋的直系阵营，所以冯国璋拉他通电反对段祺瑞，他欣然从命。这次"督军团"会议召开之前，段祺瑞特地前去拜访了曹锟，许诺说一旦我们联手倒冯成功之后，中华民国副总统非你莫属。曹锟一听，立即两眼放光，马上改变立场力挺段祺瑞，

王士珍，字聘卿，河北正定人，「北洋三杰」之首。自天津小站练兵起，深受袁世凯赏识，最后官至北洋总理。

到处高喊只有"武力统一"才能救中国。

就这样，在民国副总统宝座的诱惑下，原本追随冯国璋"主和"的曹锟，一下子倒向了段祺瑞的"主战"阵营。十位"主战"督军气势汹汹，特别是看到曹锟倒向段祺瑞，冯国璋只好做出让步，被迫下达西南讨伐令。1917 年 12 月 15 日，冯国璋分别任命直隶督军曹锟、山东督军张怀芝为总司令，兵分两路，南下犯湘。随着一声讨伐令下，段祺瑞编练"参战军"的多年梦想也变成了现实。12 月 18 日，冯国璋又被迫任命皖系干将段芝贵为陆军总长，同时任命段祺瑞为"参战督办"，督促编练"参战军"。从内心来说，段祺瑞当上"参战督办"，冯国璋极不情愿，这意味着段祺瑞可以在日本的支持下，编练出一支精良勇猛的"段家军"，从此以后皖系势力就可以肆意扩张。

果不其然，没过多久段祺瑞借机向日本大量借款，其中仅"西原借款"就多达 8 次，总金额超过一亿多日元，从国外购买了大量军火，用以扩充自己的军事势力。"第一次世界大战"结束后，"参战军"又先后改名"边防军"、"定国军"，成为了段祺瑞赖以操控民国政坛的最大资本。

在日本人的支持下，段祺瑞的腰杆一下挺直了，此时的二次南征也进行得顺风顺水。1918 年 3 月 18 日，直隶督军曹锟的手下大将吴佩孚攻克湘北重镇岳阳。五天后，1918 年 3 月 23 日，冯国璋被迫重任段祺瑞为国务总理。复任之后，段祺瑞虎威大发，亲自指挥北洋大军猛烈进攻，打得护法联军丢盔卸甲。1918 年 3 月 26 日，北洋"后起之秀"、署理第三师师长吴佩孚率军占领长沙。

事已至此，段祺瑞仍不肯善罢甘休。在此期间，段祺瑞又派出私人代表徐树铮，偷偷溜出山海关，又以副总统宝座为诱饵，游说"东北王"张作霖拥兵入关，武力威逼冯国璋。野心勃勃的张作霖早已蓄谋已久，一直想找机会把"奉系"势力渗透到长城以南。这次段祺瑞又许以民国副总统的高位，张作霖二话不说，立即命令奉系部队开赴关内。一看到了这种地步，冯国璋只好硬着头皮，宣布恢复段祺瑞的内阁总理职务。

1918 年 3 月 23 日，段祺瑞再次出任内阁国务总理，开始了第三次组阁。三天后，吴佩孚占领湖南长沙，段祺瑞旋即任命皖系干将张敬尧为湖南督军兼署省长。之后，又令曹锟、吴佩孚继续进军湘南。1918 年 4 月 24 日，吴佩孚率中路军占领衡阳，湖南全境几乎沦于北洋军之手。

短短 4 个月的时间里，在北洋"主战派"督军的拥护下，段祺瑞的国

段祺瑞二次下野后仍不善罢甘休，在天津召开"督军团"会议，逼迫冯国璋就范。

情看涨，成为了段祺瑞博弈冯国璋的重要砝码。

手握重兵驻防京畿地区的曹锟，一时间行

务总理职务失而复得，重掌北洋军政大权，其"武力统一"中国的政策也暂时占了上风。至此，在南北统一问题上，一"战"一"和"变成了北洋派系利益的政治标签，也变成了冯国璋、段祺瑞争夺最高权力的工具。"内争北洋老大，外争总统之位"，经过几番较量过招之后，原本同为北洋阵营的铁哥们儿彻底交恶。而随着北洋军南征护法军的节节胜利，段祺瑞又开始酝酿一个更为周密的计划，准备彻底置冯国璋于死地。

段祺瑞在公开指挥北洋军南征的同时，还加快了"合法倒冯"的步伐。这一天，他急三火四招来了心腹徐树铮，又开始了一番密室谋划。几天后，徐树铮操纵临时参议院，很快制定出了新的《国会组织法》。冯国璋一看，段祺瑞又出狠招，便针锋相对。他以民国代理大总统身份，要求北南双方同时分别取消临时参议员和旧国会，按照原来的《国会组织法》和《两院议员选举法》进行选举，产生新任大总统，以强化自己的合法地位。

冯国璋的新主张一出，立即遭到段祺瑞的强烈反对。最让冯国璋头疼的是，远在湖南前线的直隶督军曹锟带头发难，拉上"北方十督"联合通电，公开拥护段祺瑞，要求以临时参议员代行国会职权，选举正式大总统。随后，冯国璋的嫡系"长江三督"马上出手，通电抨击段祺瑞，要求立即解散临时参议院。至此，民国政坛上已是乌烟瘴气，直、皖、奉三派军阀为了各

操纵临时参议院"合法倒冯",由此可见,段祺瑞绝不仅仅只是一名头脑简单的赳赳武夫。

段祺瑞政治手腕炉火纯青,多管齐下,逼得冯国璋且战且退,无奈地眼看着总统权杖离自己越来越远。

自利益,相互之间挟武力以攻伐,把国家命运与天下苍生全部被置于脑后,黑暗一页,莫过于此。

此时,段祺瑞已经牢牢控制了北京的局势。冯国璋心生寒意,感到处境危险,甚至有生命之忧。1918 年 1 月 24 日,冯国璋突然大骂西南诸省

南方护法运动一起，北方军阀随之急剧分化成直、皖、奉三派。在皖、奉两派的联手打压下，直系大佬冯国璋日子最难过。

欺人太甚，表示要亲自率军讨伐。骂完之后，冯国璋带上自己的亲信卫队，登上火车，一路沿津浦线隆隆南下，准备返回南京大本营，联络"长江三督"，合谋共同对付段祺瑞。结果，段祺瑞一眼识破其中玄机。冯国璋企图假借"南巡"为名，返回老巢南京，重组政府，举兵北伐。

第二天，冯国璋的专列徐徐地开进安徽蚌埠火车站。刚一停稳，早已守候在此的安徽督军倪嗣冲带人就冲了上来。原来，老谋深算的段祺瑞早有防备，对冯国璋的行动洞若观火，一眼看透了他的"金蝉脱壳"之计，马上电令心腹红人倪嗣冲在中途进行堵截。见到冯国璋之后，倪嗣冲表面上恭恭敬敬，大总统长大总统短的，但是满脸杀气，言语之间软中带硬。他威胁冯国璋说，大总统最好还是马上返回北京，否则我倪嗣冲是个什么样的人，想必冯大总统是清楚的。

冯国璋深知倪嗣冲是个无赖之徒，为人行事不择手段。此时纵有卫队护驾，怎奈在人家的地盘上也是无计可施。穷凶极恶的倪嗣冲软硬兼施，声泪俱下地把冯国璋逼回了北京。回京后的冯国璋万分沮丧，困如笼中之鸟。

湖南为第二次南北战争的主战场，曹锟麾下的代理师长吴佩孚在此大显神威，挥师南下，一路所向披靡，声名大震。

看着冯国璋被逼回京，段祺瑞显得心花怒放。可是，几天后，南征诸军陡生变故。原来此次南征，第一路总司令曹锟、署第三师师长吴佩孚连克岳阳、长沙、衡阳，按说战功最大，而段祺瑞竟把湘督兼省长职务授给了亲信张敬尧，这一下惹恼了曹锟，他命令吴佩孚驻军衡阳，徘徊不前。一个月后，曹锟竟然自作主张，直接撤军回到天津大本营。1918年8月，远在湖南衡阳的吴佩孚突然通电主和，公开攻击段祺瑞的"武力统一"实乃"亡国之策"。

南征正酣，突然跳出一匹黑马，"一师之长"公然叫骂"一国总理"，吴佩孚一夜之间暴得大名。其实，一骂成名的吴佩孚精明过人，他已经敏锐地看出国际国内形势正在发生急剧变化。在国内，军阀混战已经失去人心，期盼举国和平的呼声一浪高过一浪。而段祺瑞不顾民意，一意孤行利用直系军队打内战，实属可恨。最重要的是，此时欧洲战场的第一次世界大战硝烟也在渐渐散去，英美等西方列强腾出手来，必然卷土重来，重新遏制日本的在华扩张野心，作为"亲日派"的段祺瑞再也欢实不了几天了。接着，沉默已久的"长江三督"也通电全国，附和吴佩孚，要求先决时局，

冯国璋对抗段祺瑞的手中王牌，赫赫有名的"长江三督"。

再选总统，矛头直指段祺瑞，以求保住冯国璋的大总统之位。一时间，双方剑拔弩张，直、皖矛盾再度激化。

到了此时，民国政局已经变得云谲波诡。北洋三大派系直、皖、奉已经纷纷亮相登场，再加上南方的护法军政府，四方力量围绕《约法》、拒法、护法而激烈斗法。在这样的背景下，冯国璋的直系与段祺瑞的皖系更是钩心斗角，北洋政府几度动荡。而接下来，冯国璋的代理总统任期将满，选举正式大总统已经迫在眉睫。那么，冯国璋能够顺利当选吗？段祺瑞又会玩弄哪些花招继续进行最高权力的角逐呢？

第七章 破梦

1917 年 7 月，可谓是岁月峥嵘，成为了观察民国军阀政治的"标杆一月"。短短一个月之内，段祺瑞打败张勋，再造共和，又一次出任国务总理。但他废约法、毁国会，于是"护法运动"爆发。"护法运动"中，南北双方除了"武力斗争"外，还有一种对抗方式，那就是"政治斗争"。早在建立护法军政府之初，孙中山汇拢南下的旧国会议员，在广州组织了"非常国会"；段祺瑞一看，孙中山又拉开阵势，跟自己练上了"议会政治"，当然不甘落后。1917 年 11 月，段祺瑞组织各省代表，在北京成立"临时参议院"，准备进行国会大选。

其实，段祺瑞此举动用心良苦，意欲"一石二鸟"，南击孙中山，北扫冯国璋。因为 1918 年 10 月 9 日，冯国璋的代理大总统任期将满。所以，时至 1918 年 3 月，为了实现"合法倒冯"的目标，段祺瑞已经棋先一招。为此，他特意从日本借款中调拨出 80 万元，授意心腹操盘手徐树铮、王揖唐精心谋划，网罗各类政客官僚，成立了"安福俱乐部"，准备着手操纵未来的国会选举。

1918 年 8 月 12 日，由段祺瑞操纵的临时参议院制定了一部新的《国会组织法》，开始紧锣密鼓地进行国会选举。1918 年 8 月 20 日，国会选举正式开始。众议院议员 406 名，选举安福系领袖王揖唐为众议院议长；第三天，也就是 8 月 22 日，参议院议员 168 名，选举旧交通系领袖梁士诒为参议院议长。参众两院组成新一届国会，史称"新国会"。在"新国会"选举中，"安福俱乐部"秉承段祺瑞的旨意，极尽威逼利诱之能事，在 574 个国会议员席位中，安福系成员竟然占到 90% 以上。因此，时人对

段祺瑞的两个铁杆心腹，一文一武，堪称其左膀右臂。武为徐树铮，文为王揖唐。

上图　安福国会选举徐世昌为中华民国第五任大总统，而曹锟的"副总统梦"却竹篮打水一场空。

下图　民国政坛之上，虽然是你方唱罢我登场的各路军阀轮流坐庄，但谁也不敢忽视所谓的"法统"，国会选举是赋予"执政合法性"的最重要形式。

这一届完全由段祺瑞操纵的国会不无揶揄嘲讽，恶意炒作般地起了一个脸谱化的名字，这就是赫赫有名的"安福国会"。

至此，冯国璋的政治命运已被段祺瑞彻底掌控，他迈向正式大总统的

徐世昌，字卜五，号菊人，祖籍天津。因其祖辈长年在河南为官，1855年出生于河南卫辉寓所。他出身翰林，生就一副『文人治国』的温和面孔。

天津海河之畔，矗立着许多中西合璧的西洋小楼，其中多为北洋政要寓所。

梦想注定成为泡影。1918 年 9 月 4 日，"安福国会"举行总统选举。其结果可想而知，冯国璋惨败落选，取而代之的是另一位"北洋大佬"徐世昌，时年 63 岁的徐世昌以 425 票的绝对多数当选为中华民国第五任大总统。与此同时，段祺瑞还想推选曹锟为副总统，但遭到了国会内部反对派系的抵制，副总统选举因法定人数不足而流产。就这样，段祺瑞终于"合法"成功地拉下了冯国璋，将无兵无将的文人徐世昌推上了大总统宝座。

其实，当年的中国早已在军阀混战的连年炮火中苦不堪言，"结束武人专政、实现南北和平"的呼声此起彼伏。而徐世昌德高望重，自袁世凯天津小站练兵起即跟随左右，算得上北洋集团资历深厚的重要领军人物。尤其他翰林出身，生就一副"文人治国"的温和面孔，恰恰契合了战乱之

吴佩孚，字子玉，1874 年生于山东蓬莱。他虽秀才出身却富有韬略，善于用兵，在当时堪称首屈一指的『百胜将军』，兵锋所指，无不披靡。

迟迟当不上副总统的曹锟心生怨恨，立即回归直系阵营，跟段祺瑞翻脸闹僵，走上了『倒段』之路，段祺瑞再一次被迫辞职下野。

中的和平愿望。因此，段祺瑞操纵下的这次"安福选举"，除了满足自己的政治野心之外，也在一定程度上多多少少体现了当时国人思治的民意诉求。

投票声里，直系军阀的掌门人冯国璋黯然下台，曹锟想当副总统的愿望也随之落空，这惹得早已擅自班师返抵北方的曹锟立即翻脸，态度来了个一百八十度的大转弯，突然又变"主战"为"主和"。早在安福国会成立之初，曹锟已经看破段祺瑞"合法倒冯"的叵测之心，随即联合"长江三督"大加抨击，直言不讳地"拥冯反段"。北方曹锟振臂一呼，远在湖南衡阳的吴佩孚便随声附和。

1918 年 9 月 13 日，总统选举的消息传来后，吴佩孚立即通电全国，指责安福国会的总统选举为"非法选举"，坚决不予承认，破口大骂段祺

瑞的"武力统一"政策是祸国殃民的罪恶之举，再一次上演了一场"师长骂总理"狗血大戏。人称"吴小鬼"的吴佩孚之所以如此明目张胆，放言不逊，最终目的就是要借机自我炒作，积攒政治资本，为自己将来登上政治舞台铺下台阶。先前一骂段祺瑞，名气初振，国人眼睛为之一亮，开始知道原来还有这么一位剽悍师长；此次二骂段祺瑞，更是引得人气指数连连攀升，"师长吴佩孚"终于以叫骂"总理段祺瑞"的狂妄姿态开始冉冉漂浮而出。

看到直系势力的咄咄逼人，扳倒了冯国璋的段祺瑞不免心有余悸。特别是人称"两栖将军"的曹锟手握重兵，坐镇离北京只有一步之遥的河北保定。虎视眈眈之下，做梦都想登上大总统宝座的段祺瑞只好再一次忍痛割爱，推出文人总统徐世昌来当傀儡，否则直、皖两系可能会闹到拔刀相见的地步，"北洋虎狗"只好暂时怒目相对，谁也不敢贸然出手打响第一枪。不仅如此，为了平息直系军头们的满腹怨恨，段祺瑞还主动采取"以退为进"的手段，在1918年10月7日这一天，跟随着冯国璋辞职离去的脚步声，段祺瑞也辞去了国务总理职务，象征这和冯国璋一同下野，归隐林下。

冯国璋下野后，一直隐居河北河间老家。自此，对政治仕途心灰意冷，一门心思专注经营自家家产。据说，在此期间，段祺瑞经常前往拜访探望，两人把酒言欢，似乎江湖恩仇早已烟消云散。1919年12月28日，冯国璋因肺病不治，病逝于北京，享年60岁。闻讯后，段祺瑞亲往灵堂吊唁，当众伏地痛哭。哀哀悲切之情，令人动容泣下。

　　几乎在冯、段二人过招较量的同时，南方护法军政府也动荡不安起来。1918年1月，广西军阀陆荣廷发起成立"护法各省联合会议"，试图重组政权机关，与护法军政府分庭抗礼，以期排挤孙中山。随后，云南军阀唐继尧通电拥护。就这样，在西南军阀的操纵下，"非常国会"竟然强行通过了《修正军政府组织法案》，意欲改"大元帅元首制"为"政务总裁合议制"。随后，选举唐绍仪、唐继尧、孙中山、伍廷芳、陆荣廷、岑春煊等人为"政务总裁"。其中，岑春煊出任政务会议主席总裁，护法军政府领导权落入西南军阀手中。

　　1918年5月21日，孙中山愤而请辞大元帅，并离开广州，前往上海，"护法运动"宣告失败。据说，在这次"护法运动"中，孙中山吃尽了军阀兵头们的刁难与排挤。开战之际，无论胜负如何，每次打仗过后总有人前来嚷嚷着要钱、要物，胜则讨奖赏，败则要补充，弄得原本囊中羞涩的

广州孙中山大元帅府。

顾吾国之大患
莫大於武人之争雄
南與北如一丘之貉

孙中山疲于奔命。至此，孙中山终于明白了一个道理，那就是在所有军阀的心目中，只有"功利第一，利益至上"。什么民主共和，什么理想道义，统统都是对牛弹琴。临行前，孙中山通电全国。他悲愤难抑，写下了那句流传后世的名言，这就是"顾吾国之大患，莫大于武人之争雄，南与北如一丘之貉"。

几个月后，又一个秋天如期而至。1918 年 10 月 10 日，花甲之年的徐世昌正式宣誓就任大总统。经历过风浪雨雪的徐世昌当然心知肚明，假如"北洋虎狗"没有交恶，这次冯国璋登临大总统宝座是没有任何悬念的，自己之所以捡个大瓜捞，无非是直、皖两系争斗妥协的结果。尤其是段祺瑞虽然表面上辞去了国务总理，但他一直牢牢抓住"参战督办"一职不放，

徐世昌故居，坐落于天津和平区新华南路255号。

同时还暗中操纵着"安福国会"，北洋政府的军政大权依然操控在段祺瑞股掌之间。"翰林总统"徐世昌犹如一个提线木偶，只要段祺瑞稍有不悦，舌头一动，顷刻间自己就会跌落下来。欲保大总统之位，徐世昌唯一的选择就是大搞"平衡之术"，在不同政治派系生出的"鸡蛋"上戴镣而舞。

此时，第一次世界大战已经接近尾声，中华大地却依然军阀混战、南北割据、民不聊生。在国人渴望和平的焦灼目光中，依靠深耕北洋多年积累下的深厚声望，白发飘然的徐世昌走上了历史的舞台。上台伊始，他积极倡行"文治主义"，提出"偃武修文"的施政方针，下令全线停火休战，极力推动"南北议和"，战乱频仍的中国似乎看到了一丝"由乱到治"的微弱曙光。

一个月后，历史的指针指向了1918年11月11日。这一天，第一次世界大战宣告结束，同盟国俯首投降，在凄厉战火中战栗了四年多的欧洲终于熬过寒冬，迎来了欢呼和平的喜庆时刻。中国作为协约国的一员，也以

袁世凯当年垂钓洹水之际，传统史书记载有徐世昌「密访漳德」，力劝袁世凯出山镇压武昌起义，现被证明此事纯属虚构。

翰林出身的徐世昌一直保留写日记的习惯，此为其玄孙徐定茂整理出版的徐世昌日记，为研究民国政治的重要史料。

胜利者的姿态站到了战胜国行列。消息传来，在故宫太和殿，中国政府举行了热烈而隆重的庆祝活动。大总统徐世昌身着盛装，携手"参战督办"段祺瑞，与日美等国驻华公使一道庆祝胜利的到来。1919 年 1 月 18 日，第一次世界大战的交战双方齐集法国巴黎，标榜通过媾和建立世界永久和平，史称"巴黎和会"。

此时，在徐世昌的主导下，"南北和谈"开始启动。一旦和谈成功，南北实现统一，徐世昌便可成为北南双方共同承认的大总统，花甲之年再建奇功已是指日可待。但是，谈判进行得并不顺利，围绕"是否恢复第一届国会"南北双方互不相让。在南方军政府提出的八项和谈条件中，最为

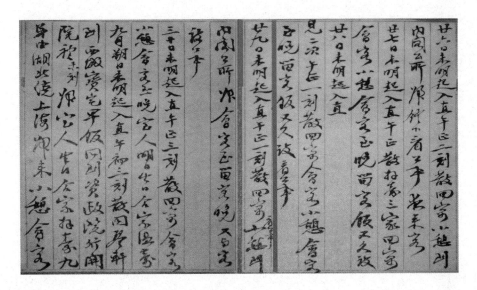

徐世昌手迹。

重要的一条就是徐世昌必须首先承认第一届国会的合法性，当年黎元洪在张勋威逼下签署的解散国会命令是无效的。对于这一点，徐世昌显然难以接受。一旦承认了第一届国会的合法性，也就意味着"安福国会"是非法的，而由"安福国会"选举出来的大总统徐世昌就属于冒牌货，当然名不正言不顺。最终，和谈破裂。

尽管如此，徐世昌借助中国参加"巴黎和会"之机，还是频频摇动橄榄枝，在组建以外交总长陆徵祥为首的中国代表团时，徐世昌别出心裁，特意邀请了一位南方军政府的专使王正廷出席"巴黎和会"，意欲"以外交促内政"。接着，在梁启超的建议下，徐世昌专门设立了一个"外交委员会"，具体负责与"巴黎和会"相关的外交事宜，其深层用意想以此来制衡段祺瑞的亲日外交政策。

1919 年春天，徐世昌委任梁启超为中国代表团会外顾问，命其先行抵达欧洲，开展宣传公关活动，呼吁欧美各国在即将召开的"巴黎和会"上共同发力，支持中国收回德国在山东的一切权益，使之免于沦落日本人之手。然而，突然传来一个噩耗，早在 1918 年 9 月，段祺瑞已与日本政府签订秘约，将德国在山东的一切权益拱手让于日本。3 月 11 日，梁启超向国内拍发急电，将这一卖国秘约全文呈报徐世昌。徐世昌看后，气愤不已，冒着失去总统权位的危险，非要在"段老虎"嘴上拔一回牙。第二天，在徐世昌的推动下，一场声势浩大的"国民外交"运动爆发了。

1919 年 3 月 12 日，北京《晨报》全文刊发了段祺瑞的卖国秘约，消息一出，举国为之哗然。徐世昌还暗中发动全国工商界、教育界和海外华侨等团体，连续不断地向正在出席"巴黎和会"中国代表团发去慰问电报，抗议日本企图霸占山东权益的野心。段祺瑞闻讯大惊，没想到这老徐一点面子都不给，把自己那些见不得人的丑事给抖落得一清二楚，恨得段祺瑞咬牙切齿。

尽管徐世昌尽了最大努力，由于段祺瑞卖国秘约在先，1919 年 4 月 30日成为了一个耻辱的日子。这一天，传来了中国代表团在"巴黎和会"失败的消息，举国震惊。5 月 4 日，北京爆发了声势浩大的学生游行示威活动，愤怒声讨出卖国家主权的亲日派。群情激愤的游行学生火烧赵家楼，痛打章宗祥，这就是震惊中外的"五四"爱国运动。此时，段祺瑞频频向徐世

1918 年 10 月 10 日，花甲之年的徐世昌正式宣誓就任中华民国第五任大总统。

  上图 1918年11月，第一次大战结束，中国位列"战胜国"之一。大总统徐世昌欢欣鼓舞，率众在紫禁城太和殿举行庆祝仪式。

  下图 大总统徐世昌身着礼服，和各国驻华公使一道欢庆第一次世界大战胜利结束。

徐世昌签署大总统令，宣布罢免曹汝霖、章宗祥、陆宗舆三名亲日派职务。

「第一次世界大战」结束后，段祺瑞改「参战军」为「边防军」，委任徐树铮为西北筹边使兼西北边防军总司令。

昌施加压力，要求严惩肇事学生。不料，天津、上海、南京等地的学生也纷纷宣告罢课，声援北京爱国运动，并联合上书徐世昌，要求拒签和约、惩办国贼。1919 年 6 月 10 日，徐世昌连发三道大总统令，宣布免去亲日派曹汝霖、章宗祥、陆宗舆三人职务。

徐世昌一怒，段祺瑞的三名亲信罢官走人。当时的舆论却并不点赞，倒是对徐世昌的处境做出了十分中肯的描述："以军事眼光观之，徐今无权无勇，惟闻该党仍将留徐为傀儡，以为对于骑墙各省作幌子之用。"意思是说，徐世昌背后没有任何军队武力做支撑，大总统有名无实，关键之时难以顶住压力，只能被段祺瑞当作"政治花瓶"，拿大总统的幌子做工具，帮助段祺瑞来打压那些不服北洋政府号令的各地军阀。

1920 年 7 月 14 日，"直皖战争"爆发。

　　但是，在五四运动中，"文人总统"徐世昌不顾段祺瑞的武力威逼，能够顺应民心民意，一举罢免曹汝霖等亲日派职务，最后授意中国代表拒绝在"巴黎和会"上签字，不愧为青史留名之举。而此时的段祺瑞手握重兵，继续驻防京师周围操纵北洋政权，这一下子彻底激怒了野心勃勃的曹锟、吴佩孚。在冯国璋死后，直、皖两系撕下多年来的遮羞面纱，开始刀兵相见了。

　　1919 年 6 月，随着第一次世界大战的结束，世界政治格局再度发生悄然变化。从欧洲战场上腾出手来的英美列强，不忍坐视东洋日本独霸中国，开始支持直系军阀曹锟、吴佩孚磨刀霍霍，准备武力讨伐日本在华代理总头子段祺瑞。段祺瑞看在眼里，急在心中，只能日夜不停地加紧编练"段字牌"私人武装。为此，段祺瑞先将自己的头衔由"参战督办"改为"边防督办"，"参战军"扩编为"边防军"，最后拥有 3 个师和 4 个混成旅。接着，段祺瑞又以戍边为名，委任心腹爱将徐树铮为西北筹边使兼西北边防军总司令，率领部分"边防军"驻防大西北。

此时，摆在段祺瑞面前的只有两个劲敌，一是卧榻之侧的直系曹锟，二是虎视关外的奉系张作霖。尤其是坐镇河北保定的曹锟，随时可以北击京师，这让段祺瑞寝食难安，做梦都想置曹锟于死地。看着段祺瑞投来的阴险目光，新仇旧恨一下子涌上了曹锟心头。他先是拉上了"东北王"张作霖，两人牵头成立了"反皖同盟"。接着，曹锟命令吴佩孚从湖南衡阳挥师北上，借口要求罢免徐树铮，实际上准备武力讨伐段祺瑞。

1920 年 6 月中旬，吴佩孚率部返回中原，在保定、天津一线布防。与此同时，张作霖也加紧调兵遣将，命令部队悄悄开到北京附近集结待命。情急之下，段祺瑞连忙调集徐树铮回防北京。直、皖、奉三路大军虎视京畿，兵临城下，火药味越来越浓。剑拔弩张之际，可怜的大总统徐世昌手里没有一兵一卒，只好出面恳请"东北王"张作霖来做和事佬。碍于徐世昌的总统颜面，张作霖只好假模假式地出来充当一回调停人。直系师长吴佩孚已非昔日可比，当着张作霖的面汹汹提出，双方罢兵言和没有问题，但前提条件是段祺瑞必须解散"安福国会"、同时罢免徐树铮。段祺瑞闻听，跺着脚咆哮说："吴佩孚区区一个师长，公然要挟罢免边防大员。此风一开，中央政府威信何在？你们一定要他去职，必须同时罢免吴佩孚！"

『直皖战争』中，奉系军阀张作霖、直系军阀曹锟联手共击皖系段祺瑞。经此一役，皖系势力落花流水春去也。

「常胜将军」吴佩孚巧用奇兵，把段祺瑞打了个灰头土脸。

　　本来就想"坐山观虎斗"的张作霖一看，这两家是执意要开打了，开始暗暗打起自己的算盘来了。1920 年 7 月 7 日凌晨，张作霖悄无声息，秘密溜出北京。火车开至天津军粮城，立即对外宣布"局外中立"，实则排兵布阵"联直攻皖"。徐世昌一见调停失败，战火燃起只在旦夕之间，叹息之余也是束手无策；7 月 8 日，段祺瑞在北京团河成立"定国军"总司令部，自任总司令，徐树铮为参谋长。调兵遣将之余，段祺瑞还不忘从政治上大造声势，强迫徐世昌发布了惩办曹锟、吴佩孚等人的大总统令；7 月 9 日，曹锟在天津组织"讨逆军"，任命吴佩孚为前敌总司令。至此，战争的发条崩得"咔咔"直响，而且一阵紧似一阵。

　　1920 年 7 月 14 日，夜幕降临时分，"直皖战争"正式打响，京津地区顿时陷于炮火连天之中。战事初起之时，曹锟的"讨逆军"打得并不顺手。7 月 16 日，吴佩孚亲率一部精锐奇兵，采取侧翼迂回战术，长途奔袭位于涿州、高碑店之间的松林店，一举捣毁了段祺瑞"定国军"的前敌司令部。四天后，皖军防线全线崩溃，直奉联军大获全胜。第二天，即 1920 年 7 月 19 日，战败后的段祺瑞被迫宣布辞职下野，北京政权落入直奉军阀手中。1920 年 8 月，显赫一时的"安福国会"被解散。

"城头变换大王旗"，走了段祺瑞，又来了曹锟、张作霖，一心想开创和平时代的徐世昌变成了名副其实的傀儡总统。曾经的"文治梦想"被军阀混战的枪炮声打得粉碎，自己主导的"南北和谈"也变成了飘渺不定的肥皂泡。谁知一年后，当初联手赶走了段祺瑞的直奉两系，因为分赃不均，很快度完了"蜜月期"。

1922年元旦刚过，从未瞧得起曹锟的张作霖开始弯弓盘马。他一手笼络皖系的残余势力，一手联合孙中山的革命力量，结成所谓的"反直三角同盟"，企图一举消灭曹锟、吴佩孚，独霸北京政权。"风云突变，军阀重开战。"此时的徐世昌已经山穷水尽，只能任由曹锟、张作霖摆布，人家让盖章就盖章，让下令就下令，看着别人的脸色下菜碟，丝毫不敢表现出任何偏袒性。

1922年4月上旬，奉军开入山海关与直军对峙。4月29日，第一次"直奉战争"正式爆发。奉军以张作霖为总司令，率领4个师、9个旅，约12万人，分东、西两路沿津浦、京汉铁路向直军发起进攻。直军以吴佩孚为总司令，指挥7个师、5个旅，约10万人迎战。两军在长辛店、琉璃河、固安、马厂等地展开激战。时仅一周，张作霖大败，带着残兵败将灰溜溜地退回东北老家。此战之后，北方政局迅速演变成"直系即中央"，留在徐世昌面

直、奉两系很快度完「蜜月期」，第一次「直奉战争」爆发。吴佩孚再出奇兵，把张作霖赶出了山海关，退守东北老家。

前的是一家独大的直系势力。

　　凭借着炉火纯青的平衡之术，手无一兵一卒的徐世昌竟然能够在大总统位置上，周旋于直、皖、奉三派之间，长达三年之久，仅次于袁世凯的在任时间。可惜的是，在武力当道的北洋时期，徐世昌空怀一腔文治梦想，四分五裂的中国仍处在水深火热之中。尽管如此，他所倡导的"偃武修文"精神，犹如一抹暖光，曾经划亮过黑沉沉的民国天空。而在第一次"直奉战争"结束后，徐世昌独对直系军阀的坐大，他的总统生涯又将经历怎样的波折呢？

1923 年 9 月 24 日，曹锟的名字出现在美国《时代》周刊上。据说，这是中国人的名字第一次亮相这本世界级的刊物。《时代》周刊报道称，中国正在紧锣密鼓地进行总统选举，文字之外还配发了曹锟的照片。

在中华民国历任总统中，曹锟的出身最为卑微。自幼家贫，长大后父亲曹本生本想让他跟自己学习造船，但曹锟死活不干。没办法，只好拿点本钱让他去做点小本生意。于是，天津街头就多了一位肩搭布匹，四处吆喝贩卖的小贩。

曹锟虽然读书不多，却性格豪爽，仗义疏财，广交朋友。据说，年轻时曹锟经常醉卧街头，有人趁机偷走他身上钱财。每每醒后，曹锟并不追问，总是一笑了之，故人称"曹三傻子"。有一次，曹锟在街上卖布，偶遇一位算命先生。算命先生仔细打量一番说"你面相甚贵，日后必作县长。"曹锟听了，以为此人是在嘲讽自己，于是劈头盖脸地把算命先生揍了一顿。

20 世纪 20 年代的开篇，命运似乎格外青睐一脸福相的曹锟。1920 年7 月，曹锟联手张作霖打败了段祺瑞；1922 年 5 月，曹锟指挥吴佩孚又击溃了张作霖。这一年，刚好花甲之年的曹锟声望大增，在春风得意里，他逼近了权力的顶峰。想当年，段祺瑞抛出"副总统"作诱饵，居然惹得自己垂涎三尺。如今，北洋政权完全落入自己手中，想当大总统简直就是易

1923 年，曹锟迎来了自己人生的辉煌时刻。

美国《时代》周刊第一次出现的中国人面孔，正是曹锟曹大帅。

如反掌。

第一次"直奉战争"之后，"直系即中央"已经成为不争的事实了。站在最高权力的入口处，曹锟已经有点按捺不住。于是，兄弟幕僚开始见风使舵，极力怂恿曹锟立即动用武力发动政变，轰走徐世昌，荣登大总统。曹锟的四弟曹锐更是四处奔走，直接扬言说"我三哥过年都六十了，再不当大总统，更待何时？"毫不隐晦地公然呼吁曹锟赶紧"红袍加身"。

不料，这时有一个人站出来坚决反对，他就是人称"儒帅"的吴佩孚。此时，作为北洋"后起之秀"的吴佩孚已是声名鹊起，"直皖战争"先败段祺瑞，"直奉战争"后扫张作霖，战功赫赫，成为了曹锟麾下最为得力的"常胜将军"。经纶满腹的吴佩孚显然更具政治眼光，他坚决反对曹锟发动武力政变，而是主张恢复民国元年的旧国会，重光法统，然后通过合法选举登临大总统宝座。曹锟一听，这是不是有点太麻烦了？要当就直接当，何必这样绕圈子呢？吴佩孚极力陈说利害，曹锟听得是满头雾水。

吴佩孚提到的"国会"，指的是 1912 年 12 月至 1913 年 3 月，由袁世

凯根据《中华民国国会组织法》组建的"第一届国会"，也叫"旧国会"。袁世凯称帝前被解散，后来又被黎元洪恢复。后来，又被张勋复辟时威逼黎元洪解散。其后，段祺瑞打败张勋，"再造共和"，但是拒绝恢复国会和《临时约法》，于是引发了声势浩大的"护法运动"。

在民国议会的历史上，吴景濂是一个"议会专业户"。吴景濂，字莲白，1873年出生于辽宁兴城，曾留学日本。1913年4月，中华民国第一届国会正式成立时，吴景濂是一名普通的众议院议员。黎元洪接任大总统后，宣布恢复旧国会，吴景濂被推举为众议院院议长。"护法运动"初起之时，吴景濂响应孙中山号召，带领了一百多名旧国会议员南下广州，组成"非常国会"。当时段祺瑞针锋相对，成立了"安福国会"，于1918年9月4日，选举徐世昌为中华民国大总统。1920年8月，"直皖战争"结束后，"安福国会"被曹锟解散。三年后，到了曹锟想当总统的时候，曾经的"国会"早已荡然无存，曾经的"议员"散落在全国各地。

此时，曹锟听了吴佩孚的分析，频频点头，欣然同意再组国会，通过议员选举，堂堂正正地做一回民国大总统。早在1917年，张勋拥清复辟，

在吴佩孚的劝说下，曹锟决定重开旧国会，重光法统。

任期未满的黎元洪被逼下台。如今，只有迎回黎元洪补足任期，才能恢复中断的民元国会，实现"法统重光"。但实现这一切必须首先扫除一个障碍，这就是现任大总统徐世昌。

　　其实，早在 1895 年袁世凯小站练兵之际，徐世昌应该已经与曹锟相识，只是两人地位悬殊，没有任何来往交集。1907 年 5 月，徐世昌赴任东三省总督之时，时任北洋第三镇统制的曹锟率兵跟随出关，协助徐世昌治理大清王朝的龙兴之地。后来，段祺瑞为了排挤冯国璋，曾以"副总统"为诱饵，极力笼络拉拢曹锟。1918 年 9 月，徐世昌当选大总统后，力主"南北和谈"，并将"副总统"的位置预留给南方军政府。因此，在徐世昌的作梗下，"副总统"的选举一推再推，一直未能如期举行，看到自己的"副总统"梦想迟迟未能如愿，曹锟从此便对徐世昌怀恨在心。

　　1922 年 5 月 19 日，曹锟、吴佩孚通电全国，大造舆论扬言要恢复第一届国会。随后，曹锟找来黎元洪当总统时的众议院议长吴景濂，由他出面召集一部分旧国会议员跑到天津，设立"第一届国会继续开会筹备处"，

准备拥戴黎元洪复任大总统，恢复第一届国会。曹锟盘算着，等到黎元洪补足总统任期后，再轰走黎元洪，由国会选举自己当上合理合法的民国大总统。

曹锟执意要恢复"旧国会"，这对于由"安福国会"选举出来的大总统徐世昌来说，是一个危险的信号。早在徐世昌上台之初，吴佩孚曾经通电质疑"安福国会"的合法性；而后，南方护法军政府也公开否认徐世昌为合法大总统。此时，如果第一届国会重开，自己的总统之位肯定岌岌可危。

面对曹锟的咄咄气势，徐世昌岂肯坐以待毙。他首先以大总统的身份，命令天津警察厅厅长杨以德想方设法，阻止吴景濂为首的议员们重开国会。谁知，善于见风使舵的杨以德哪敢得罪曹锟曹大帅，便不软不硬地顶回了徐世昌，表示警察厅无权查禁干涉议员们开会议事。

徐世昌一见此招不灵，又陡生新计，派出一名旧国会议员，让他携重金南下，企图收买散落在南方的国会议员阻止他们北上天津。这样一来，仅仅京津地区的议员数量肯定凑不够法定人数，曹锟重开国会选举总统的计划将彻底泡汤。

谁知，此人走到天津立即向曹锟告密，并登报发表声明，揭露徐世昌的阴谋诡计，这让徐世昌"偷鸡不成蚀把米"，赔了大钱，败了事情，丢

对于曹锟而言，登临总统宝座兜了不少圈子，需要有两个前提条件，一是赶走徐世昌，二是请出黎元洪。

了面子。

曹锟一看文弱无能的徐世昌居然恋位不退，还频频跟自己交手过招。于是，曹锟大怒，在保定"光园"召开秘密会议，决定连出狠招，轰走徐世昌。首先由江苏督军齐燮元通电全国，敦促徐世昌下野；如果此招不灵，再由吴佩孚联合全体直系将领二次通电，威逼徐世昌退位；如果徐世昌还是不肯就范，那就亮出最后的"杀手锏"，实行武力兵变。

面对一连串的"逼宫"电报，徐世昌不得不进行回应。他在5月31日发表通电，电报中一改"大总统"，自称"鄙人"，并且在结尾处写到"敬候明教"，明显摆出一副谦虚恭谨的态度，希望能够缓和同直系的矛盾，但是曹锟并不买账。

1922年6月1日，第一届国会在天津重开。在众议院议长吴景濂的提议下，会议列举了徐世昌的"十大"罪状，指责徐世昌"祸国殃民、障碍统一；不忠共和、黩货营私。"宣布徐世昌为非法总统，即日起停止行使总统职权。徐世昌闻讯后，虽然束手无策，但依然不肯宣布退位下野。此时，担任京畿卫戍司令的王怀庆直接出马，再行威逼。无奈之下，1922年6月2日，徐世昌被迫辞职下野，从此息影津门，再也没有踏入云谲波诡的政坛一步。1939年6月6日，在袁世凯病逝后整整23年的同一天，一代"文人总统"徐世昌也驾鹤西去，享年85岁。

曹锟逼走徐世昌，清除了迈向大总统宝座的第一个障碍。按照既定计划，第二步就是迎请黎元洪复任大总统。1922 年 5 月 15 日，在吴佩孚的指使下，直系将领孙传芳发出通电，请黎元洪复职。消息传来，黎元洪的手下谋士分成了两派，一是"激进派"，二是"缓进派"，双方据理相争，搞得黎元洪一时左右为难。黎元洪当然清楚，曹锟只不过拿自己做块垫脚石，暂时过渡一下，并非真心拥戴他上台，所以黎元洪直截了当地拒绝了曹锟的所谓"好意"。

　　1922 年的初夏季节，来得特别早。刚进农历五月，已是有点闷热难当。黎元洪拒任总统的消息传来后，曹锟更是烦躁不安。万一这黎元洪要真是不配合，"法统重光"就是一句空话。因此，曹锟耐着性子，接二连三地派出私人代表，前往游说黎元洪。几番软磨硬泡之后，最后黎元洪终于答应出山，但采用"缓进派"谋士的主意，开出了一枚试探性的筹码，这就是"废督裁兵"。

　　当时的中国已经四分五裂，军阀督军割地自雄，一言不和即举兵混战，以至于兵祸连结，民不聊生。一时间，"废督裁兵"成为最有感召力的政治口号。不甘心再次做傀儡的黎元洪致电曹锟，明确提出自己复任大总统的前提条件。接到黎元洪的电报后，曹锟恼羞成怒，大骂"黎菩萨"不识抬举，居然要"废督裁兵"，"你先把我曹锟裁了得了"。人称"吴小鬼"的吴

当年，段祺瑞以『副总统』为诱饵，拉拢曹锟反戈一击，两人联手扳倒冯国璋。但是，在徐世昌的干预下，曹锟的副总统位置一直难以兑现。

　　1922年6月，徐世昌被曹锟赶下台。4年的总统生涯，显示出徐世昌游刃有余的"政治平衡术"。此时，"文治梦想"付水东流。

　　佩孚强压心头怒火，劝曹锟暂时忍耐一时，演上一场假戏敷衍敷衍黎元洪。

　　果然没过几天，陆军检阅使冯玉祥首先发出通电，表示支持黎元洪"废督裁兵"建议。随后，陕西督军刘镇华、湖北督军萧耀南、江苏督军齐燮元等人也随声附和，表示愿意俯首听命。尤其是吴佩孚直接来到黎府，指着黎元洪的鼻子说，你就别装腔作势了，到底当不当这个大总统？黎元洪马上由"缓进派"变成了"激进派"，说我当我当。借着曹锟给自己铺垫的台阶，黎元洪只好顺坡下驴，在1922年6月10日通电全国，正式宣布复任民国大总统。

　　黎元洪上台后，刚刚恢复的国会随之分裂成两大派系：一是追随曹锟的"保曹派"，二是拥护黎元洪的"保黎派"。围绕黎元洪的任期问题，两派议员争执不下。"保黎派"议员声称，按照相关法律规定，黎元洪的任期应该延长到1925年才能结束。骨子里贪恋大总统权力的黎元洪，当

据说，土匪出身的「东北王」张作霖心高气傲，从未把「布贩子」曹锟放在眼里。

曹锟威逼之下，沉寂多年的黎元洪宣布复任大总统，补足因张勋拥清复辟而中断的总统任期。

然想多待一天是一天。

1923 年 1 月 4 日，由远在洛阳的吴佩孚遥控的"好人政府"垮台后，黎元洪力挺张绍曾组阁，企图府院联手，提出"先统一后大选"，抵制国会大选，以此来延长自己的总统任期。曹锟一见，立即怒火中烧，随即鼓动内阁成员辞职，暗示黎元洪自动下台。1923 年 6 月 6 日，张绍曾被逼下台，剩下黎元洪孤掌难鸣，但仍抱着象征大总统权力的"总统印玺"不肯放手。曹锟终于按捺不住了，从幕后直接走到了前台，亲自导演"逼宫驱黎"大戏。

这时候，黎元洪在台上多待一天，曹锟就一时难安。1923 年 6 月 7 日，陆军校阅使冯玉祥、京津卫戍司令王怀庆等人率领军警三百多人，闯入总统府，围住居仁堂，以内阁无人负责为由，向黎元洪索饷，结果天天闹得

以陆军检阅使冯玉祥为首的军阀兵头，假惺惺地附和黎元洪的「废督裁兵」建议，实为曹锟背后指使放出的一枚烟幕弹。

鸡犬不宁。接着，曹锟又唆使北京全体警察罢岗，撤走了守卫黎元洪府邸的卫戍部队，甚至最后断水、断电、断电话。万般无奈之下，黎元洪只好乘火车悄然出京，准备返回天津。

黎元洪前脚刚走，突然有人急急赶来报告曹锟，说象征大总统权力的"总统印玺"不见了。于是，曹锟马上电令直隶省长王承斌，在中途截住黎元洪，索要总统印玺。这天下午4点多，黎元洪的专列开进了天津新站。没等火车停稳，王承斌便带人冲了上去，一番搜找之后结果没有找到印玺。原来，离京之前，黎元洪把五颗总统印玺交给了如夫人黎本危，并交待她躲进东交民巷的法国医院里。

于是，王承斌开始威逼黎元洪。黎元洪愤不欲生，开枪自杀，却被随从抢先夺下，仅负轻伤。尽管如此，王承斌还是不依不饶。黎元洪无奈，只好打电话给如夫人，让她把印玺交给参议院。接着，在曹锟、吴佩孚的授意下，王承斌又拟了一份电报，大意是宣布黎元洪自动辞职下野，由国务院摄行总统职权，然后逼迫黎元洪签字。结果折腾来折腾去，黎元洪一直捱到第二天早上，才回到天津的家中。

这"逼黎夺印"的一幕，发生在1923年6月13日，史称"六·一三"

政变。不管怎样，曹锟终于赶走了黎元洪，也夺回了象征大总统权力的总统印玺，下一步就是举行国会大选。谁曾想，此时国会议员纷纷离开北京，根本凑不够法定人数。那么，到底怎么办呢？接下来，发生了民国历史上众说纷纭的一桩公案，这就是"曹锟贿选"，事实果真如此吗？

1923年6月，赶走了黎元洪，曹锟去掉了心腹大患。可是，就在此时，一本陈年老账又摊在了曹锟面前，那就是国会议员的欠薪问题。原来，自1913年以来，第一届国会不但多次被解散，而且岁费"3个月只能发1个月，而1个月又只是发7成"，议员们的薪俸从来没有如期如数发放过。此时，国会议员的欠薪数量巨大，总额已经高达400万元。因此，国会议员索薪风潮频频迭起。其中最为典型的是，众议院议员曾经集体致函议长吴景濂，要求补发政府长期拖欠的薪水。众人汹汹，甚至愤怒到要求吴景濂下台，还威胁说如不补发欠薪，他们将离开议场、拒绝参加总统选举。因索薪不成，部分国会议员纷纷离京出走，大总统选举很难如期举行。此时国会议员越走越多，眼见凑不够法定人数，一心想"重光法统"的曹锟只好自掏腰包，补发议员们的积年欠薪。于是，国会议员们陆续收到了5000元左右的支票，以至于成为了后世争论不已的"曹锟贿选"的铁证。

曹锟下台后，段祺瑞进京临时执政摄行大总统，命令检查机关搜集曹锟贿选的证据。结果除了在各银行搜得5000元支票收据480多张外，再无更多斩获，使得对受贿议员进一步的法律处置受阻，最终并无一人被捕。

补足了一年任期的黎元洪权欲熏心，居然赖在总统宝座上不想下台，这下子彻底惹恼了早已急不可耐的曹锟。

曹锟派人给总统府断水、断电，不择手段非要把黎元洪轰走。

最新的史料研究表明，从司法角度来看，并无直接证据指向曹锟所签发的支票就是为了"贿选"。因此，按照当时的民国法律，对于曹锟"贿选总统"的法律指控很难成立。

无论"曹锟贿选"成立与否，1923年9月10日，国会大选预备会议如期举行。参加会议的议员为436人，符合法定人数，并决定于两天后举行总统选举大会。到了9月12日的正式大选，因为出席人数不足法定的583人，败兴而散。正在此时，传来一个令人不安的消息，"反直三角同盟"开始兴风作浪。孙中山、段祺瑞、张作霖号召反对直系的议员在上海召开特别国会，以破坏曹锟的选举。皖系军阀骨干卢永祥也发出电报，邀请黎元洪到上海重组政府。曹锟一听急了，当即拍案大怒，命令吴佩孚等人说，你们赶紧给我想办法，我一定要在10月10日这一天宣誓就任大总统。

1923年10月5日，大总统选举在象坊桥众议院会场举行。内外城各大临街商铺，都由警察挨家挨户勒令悬旗庆祝。国会街一带，警备尤为森严。这里十步一岗、五步一哨，军警士兵荷枪实弹，如临大敌。到下午4时，签到议员有 593 人，超过法定人数。众议院议长吴景濂宣布大总统选举正式开始。结果投票总数 590 票，曹锟得 480 票，得票超过法定 3/4 人次，当选为中华民国大总统。

曹锟当选大总统的消息传出后，全国各地纷纷举行示威游行，舆论汹汹要求解散"猪仔国会"，高呼曹锟赶紧滚下台。远在广州的孙中山拍案而起，再度拉上"反直三角同盟"的成员段祺瑞、张作霖和西南诸省军阀，发起"倒曹"风潮，并以中华民国陆海军大元帅身份发布命令，讨伐曹锟，通缉"贿选"议员，同时通告西方列强驻华使馆拒绝承认曹锟为合法总统。

1923 年 10 月 10 日，在一片"贿选"叫骂声中，曹锟身穿蓝色军服，斜系红色大绶，胸前挂满勋章，状极自得。沿途满铺黄土，大有帝王气象，曹一行直由正阳门入府。上午 9 点，曹锟的就职典礼正式开始。两个小时后，在国会街春颐园的议会大厅里，曹锟庄严颁布了新制定的《中华民国宪法》。后世的史学家一致认为，曹锟主持制定的民国宪法，融合了许多近代西方的先进政治理念，为民国历史上最好的一部宪法。

整整一年之后，第二次"直奉战争"爆发。1924 年秋天，西风萧瑟变成了曹锟跌落人生的可怕梦魇。10 月 23 日，在"东北王"张作霖的收买挑唆下，曹锟的心腹爱将冯玉祥星夜回师北京，发动"北京政变"，囚禁

看着近在咫尺的总统印玺，曹锟急得抓耳挠腮。民国历史在此惊现了一个巨大的问号，那就是「曹锟贿选」。

曹锟，通电主和，宣布成立国民军。11 月 3 日，吴佩孚大败，率领残部两千多人从塘沽登船南逃，第二次直奉战争结束。1924 年 11 月 25 日，张作霖、冯玉祥联手拥戴段祺瑞出任"中华民国临时执政"，摄行大总统职权，北洋政权实际上落入奉系军阀手中。

就这样，背负着"贿选总统"的骂名，曹锟结束了其正好为期一年的执政生涯。获释之后，曹锟寓居天津。据说，每到夏天晚上，曹锟便会身穿老头衫，摇着大蒲扇，坐在门口大树下，笑语盈盈与左邻右舍纳凉聊天。曾经位高权重的大总统，此时回归到了最本真的一刻，活生生一副田舍老翁的朴实模样，荣华富贵已是过眼云烟。

1931 年九一八事变后，东三省沦陷，接着华北危机。日本侵略者采取"以华制华"的策略，四处收罗汉奸卖国贼，企图建立伪政权。臭名昭著的土肥原贤二亲自出马，多次派人诱降曹锟出任汉奸伪职，遭到曹锟怒声喝斥："我就是每天喝粥，也不会去给你们日本人做事。"1938 年 4 月 15 日，台儿庄大捷的消息传来后，曹锟连声说："我就不相信，咱们还打不过那小日本。"一个多月之后的 5 月 17 日，曹锟在天津病逝，终年 76 岁。临终前，曹锟告诉家人说："台儿庄大胜之后，希望国军能乘胜收复失土。余虽不得见，亦可瞑目。"

要把他選出來，這恐怕是蔣介石所沒有想到的。

第九章　行宪

1924 年 11 月 1 日，冯玉祥、段祺瑞、张作霖联名通电，邀请孙中山北上，共商国事。孙中山临行前发表《北上宣言》，慷慨宣称："文此次来京，非争地位权利，乃为救国"。不幸的是，1925 年 3 月 12 日，孙中山逝世于北京。广州国民革命政府顿时群龙无首，渐渐分成左、中、右三派，为争夺国民党最高权力，平静之下悄然暗流涌动。

1925 年 8 月 20 日，早上 9 时。在国民党中央党部门口，突然一阵枪响，国民党左派领袖廖仲恺被刺身亡。"刺廖"案发生后，国民政府立即成立了"特别委员会"，任命汪精卫、许崇智、蒋介石为"特别委员"，彻查此案，缉拿真凶。

5 天之后，经查大量证据指向国民党右派领袖胡汉民、许崇智，廖仲恺遇刺，此二人嫌疑最大。于是，时任国民革命军第一军军长的蒋介石下令拘捕胡汉民，轰走许崇智。至此，广州国民革命政府完全落入汪精卫、蒋介石手中，汪精卫主政，蒋介石掌军。1926 年 3 月 20 日，著名的"中山舰"事件爆发，蒋介石借机挤走汪精卫，独揽党、政、军大权于一身。

1926 年 7 月 9 日，蒋介石率领国民革命军在广州誓师北伐，北洋军阀迅速土崩瓦解。1927 年 4 月 18 日，蒋介石宣布成立南京国民政府。1928 年 12 月 29 日，张学良宣布东北易帜，加入南京国民政府。至此，经过连年征战，中国在形式上实现了统一，国民党进入"训政"时期。

行宪之年，蒋介石力挺孙科竞选副总统。

上图：孙科，字连生，号哲生，1891年生于广东中山县，国父孙中山先生长子，其母是孙中山的原配夫人卢慕贞。

下图：李宗仁的左膀右臂白崇禧、黄绍竑，均为广西桂系军阀巨头。

　　原来早在1924年，孙中山在《国民政府建国大纲》一文中，精心设计了未来国民政府建国大业的步骤与方案。即经过"军政"、"训政"和"宪政"三个阶段之后，到"宪政"时期将"还政于民"，进行全国大选，按照"五权分立"的原则搭建政府组织架构，实行"五院制"。即在"行政院、立法院、司法院、考试院、检察院"五院之上，再设立象征国家最高权力的"总统"。

　　1936年5月5日，在蒋介石的主导下，国民会议制定了《训政时期约法》，即未来国家宪法的正式草稿，这就是著名的"五五宪草"。1937年7月7日，日本全面侵华战争爆发，国民党的宪政目标从此被搁置起来了。经过艰苦卓绝的八年抗战，中国人民终于取得了反法西斯战争的伟大胜利。1946年5月5日，国民政府还都南京，半年后召开了制宪国民大会，通过

上图：1948年，国民党败相已露，蒋介石行情看跌，美国驻华大使司徒雷登显然更愿意选择李宗仁做在华代理人。

下图：倚仗美国人撑腰，李宗仁不顾劝阻，打足鸡血似的要和孙科竞选副总统，以期带领桂系势力入主权力中枢。

国民党统治区内，局势动荡不安。

李宗仁执意参选副总统，这让蒋介石大为恼火，蒋、李之间旧怨未了，又添新恨。

了《中华民国宪法》，把1948年定为"行宪之年"，届时将召开国民大会，进行总统选举，实行"总统制"。

但是时至1948年，国共两党激战正酣，蒋介石败相显露。为了收买人心，国民党决定履行当年的"行宪"承诺，召开国民大会，进行总统选举。这一年4月19日，蒋介石毫无悬念地高票当选为中华民国总统。按照选举程序，接下来应该选举产生"行宪之年"的首任副总统。

盯着"行宪"第一任副总统的宝座，时任北平行辕主任的李宗仁第一

其余两位副总统参选人于右任、莫德惠被拉来充当"政治花瓶","陪选"的意味不言自明。

最后一位"陪选人"程潜，无论如何也不是李宗仁、孙科的对手。

个跳了出来。早在1948年3月，李宗仁急不可耐地在北京组织成立了竞选办事处，正式宣布参加副总统竞选。3月25日，李宗仁匆匆飞抵南京，亲自坐镇指挥。这一下子，蒋介石烦得拉长了脸，心想这个李宗仁，真是"十处打锣九处有他"，怎么什么事情都想跟着插手掺和一把呢？因为在他看来，未来的副总统既要有一定的声望，还能俯首听命，这样最高国家权力才能稳稳地控制在自己手里，而不大权傍落。李宗仁可绝不是对自己言听计从的人，所以蒋介石最中意的"副总统"人选是孙中山的长子孙科。

最初，担任立法院院长的孙科并无意竞选"副总统"，他觉得"副总统"一职有名无实，形同鸡肋，当不当无所谓。孙科心里这样想，嘴上却说，按照相关法律规定，立法院"院长"与"副总统"不能由一人兼任，我现在已经是立法院"院长"了，怎么能兼任"副总统"呢？此言一出，立即有人告诉他，让你兼任你就能兼任，蒋总统是大力支持你参加副总统竞选，还特意给你拨发了一笔专门的竞选经费，你就集中精力参加竞选就可以了。

凑齐了法定候选人人数，副总统竞选紧锣密鼓地开始登场。

于是，就在李宗仁飞抵南京的当天下午，孙科举行了一场盛大的记者招待会，宣布自己正式参加副总统竞选。

竞选声明发表之后，没想到，蒋介石居然也亲自出面，为孙科大造竞选声势，以和李宗仁一争高低。此时，反对李宗仁参加"副总统"选举的不只是蒋介石，桂系巨头白崇禧、黄绍竑也难以释然。"小诸葛"白崇禧当着李宗仁的面，直言不讳地说，你当的哪门子"副总统"啊？中国的"副总统"还不如美国的"副总统"，人家还有点行政权力。你要当还不如当个立法院"院长"，至少还可以有点法律制定权，那个"副总统"有什么权力？况且蒋介石也反对你竞选"副总统"，一旦和他冲突起来……何必呢？

白崇禧说得吐沫子横飞，然而李宗仁却"王八吃秤砣"——铁了心，还是要坚决参加竞选"副总统"。其实，这背后隐藏着一层不能明说的奥妙玄机。原来，早在1947年9月8日，美国驻华大使司徒雷登已经心仪李宗仁久矣，他在呈交给美国国务院的一份报告中说："象征国民党统治的蒋介石，其声望已日趋式微，甚至被视为过去的人物。而李宗仁的资望日高，说他对国民政府没有好感的谣传，不足置信。"也就说，李宗仁坚决要竞

投票当天，「国大」代表翻看摆在桌子上的《救国日报》，「蓝妮事件」爆发，孙科绯闻缠身。

李宗仁通过报纸爆料蓝妮、孙科艳史，犹如打出了一排射向孙科的凌厉子弹。

选"副总统"，完全是出自司徒雷登的纵容蛊惑。从那时起，司徒雷登已经向美国当局举荐李宗仁以取代蒋介石。

除此之外，李宗仁执意竞选"副总统"，还有一层更为现实的考量。因为当时东北战场上秋风扫落叶，国民党军队已经节节败退，国民党丢掉东北全境只是时间问题。一旦东北失陷，那自己坐镇的京津地区立马将暴露在解放军的炮口之下，非常危险。如果自己竞选成功，当上了"副总统"，就能够名正言顺地脱离"北平行辕主任"这个职位。

上图：第一轮投票结束，李宗仁遥遥领先，孙科、程潜屈居下风。

下图：《救国日报》刊发的孙科、蓝妮照片，最终变成了导致孙科竞选败北的不二利器。

李宗仁虽然得票第一，但仍不够当选副总统的法定票数。
国民大会投票选举公告。

李宗仁主政北京期间，自命"革新人物"，尽力顺应"还政于民"的历史呼声，实行开明政策，以宽济严，为自己捞取了不少颇得民心的政治资本，政治威望直线上升，名声大振，人称"民主将军"。按照当时的《中华民国宪法》，一旦国家出现变故，"副总统"即可替补或升任"总统"。这样的美好愿景如果成真，实现多年来与蒋介石政治上一争高下的夙愿指日可待。

看着李宗仁把算盘珠子扒拉得"哗哗"响的那股兴奋劲，蒋介石气得咬牙跺脚。最担心的是，这李宗仁仗着美国主子撑腰，一旦上位"副总统"，一定会把自己一脚踹飞出局。1927 年 8 月，蒋介石与汪精卫的权力争斗再度升温。由于众人不听指挥，蒋介石处于下风，他企图试探一下桂系大佬对自己的态度，迟疑着说："我想趁此休息一下。"未等话毕，白崇禧便接上话茬说："总司令如果真需要休息，我也赞成，否则徒然在政治上掀起一个大风浪，就大可不必了。"李宗仁则干脆请蒋"自决出处"。最后正是在李、白的威逼下，蒋介石只好"决然引退"，这就是他政治生涯中的"第一次下野"。

此时，新仇旧恨一起涌上心头，蒋介石决定亲自出马，准备劝说李宗仁放弃竞选。他把李宗仁喊到办公室，假装什么都不知道地问李宗仁，听

李宗仁，字德邻，1891年生于广西桂林，国民党陆军一级上将。抗战时期出任第五战区司令长官，指挥了著名的「台儿庄战役」。

人传闻你要参加竞选"副总统"，有这回事吗？李宗仁说，这样的呼声很高，我的确准备竞选"副总统"。蒋介石毫不客气地说："你这次不要参加竞选，我是不会让你当上'副总统'的，你现在罢手还来得及。"李宗仁很尴尬，回答说："罢手是不可能了。现在台子都搭好了，锣都敲上了，弦也拉响了，你突然让我不上台了，这不是晾我吗？"蒋介石说："我不支持你，我不选你，你是当不上'副总统'的。"李宗仁"呼"地站了起来，大声说道："我肯定能当上，不信我们走着瞧！"说完，摔门而去。

此时，已经齐刷刷聚齐了六位"副总统"候选人，他们是孙科、于右任、李宗仁、程潜、莫德惠和徐傅霖，这最后两位显然是陪衬。在这之中，李宗仁准备得最为充分，早在4个月前他就从山西大同煤矿筹集了6亿元的竞选经费。尽管当时物价已经飞涨，一斤猪肉时价几十万块钱，但是6亿元依然是一个天文数字。对于"副总统"一职，看来李宗仁是志在必得。很快，李宗仁又打出了自己的竞选广告宣传语，那就是"肃清贪污、清算豪门、要行新政、要用新人"。当时的国民政府已经是贪污成风，腐败不堪了，李宗仁明察秋毫，高举"反贪革新"的政治旗号，收买人心拉拢选票。

孙科与程潜。

其他几位候选人一看，李宗仁先声夺人，也纷纷效仿不甘落后。程潜出手大方，孙科更是财大气粗，于是两人同用一招，在南京城里包下最好的饭店酒楼，天天大宴"国大"代表。除请客吃喝之外，李宗仁、程潜、孙科三人还各自为战，每天在影院、剧场、舞厅包场招待各省代表，为竞选"副总统"狂拉选票，于是市井坊间传出了一句流行语："安乐龙门，代表最盘桓。"这一下子，"竞选活动"变成了"炫富表演"，令人大开眼界。最惨的要算另一位候选人了，他就是曾任监察院院长出身的于右任。于右任为官清廉，拿不出请客吃饭的钱，只好发挥自己的书法特长，在国民大会堂门口摆张八仙桌，每天撸起袖子给人家写字，你投我一票吧，我给你写个字。写得老头子眼花手酸，直到深更半夜，还不肯罢手。

这样闹闹哄哄地过了一个月，终于熬到了1948年4月23日。这天上午，"国大"代表纷至沓来，国民大会如期举行，中华民国"行宪之年"首位"副总统"选举正式开始。进入国民大会堂后，两千多名"国大"代表纷纷落座，突然发现每张桌子上都摆放了一份当天出版发行的《救国日报》。拿起一看，报纸的头版头条采用通栏大标题，赫然曝光"孙科与蓝妮"的旧日丑闻。

原来，蓝妮本是上海滩上的一名高级交际花，声名有点狼藉，后来被

桂系军阀大佬李宗仁与白崇禧，时人称之为"李、白"。

孙大公子孙科娶为"如夫人"。抗战期间，头脑精明的蓝妮滞留上海，而且还和日本占领军做起了生意，大发"国难财"。抗战胜利后，国民党大员奉命前去接收大上海，把蓝妮手中的一批德国进口颜料当作"汉奸逆产"给扣押封存了。情急之下，蓝妮只好求救于孙科。孙科不负重托，亲笔致函有关部门，抬手放行。

此时，映入"国大"代表眼帘的新闻报道这样写道："抗战胜利后，中央信托局在上海没收了一批德国进口的颜料，作为敌伪财产处理。可是孙科致函国民大会秘书长洪兰友，说这批染料为'鄙眷蓝妮'所有，要求发还。"尤其是其中的"鄙眷蓝妮"四个字更是扎眼，引来一阵哄堂大笑。除此之外，《救国日报》还以读者来信的形式，揭发孙科玩女人、用黄片招待外宾，气得孙中山当即拳打脚踢。这样的绯闻一出，孙科的竞选结果可想而知了，这就是轰动一时的"蓝妮事件"。当天上午，选举"副总统"的第一轮投票结束。结果显示，李宗仁得票 754 张、孙科得票 559 张、程潜得票 522 张，李宗仁暂居第一。

《救国日报》由湖南人龚德柏于 1932 年年初在南京创刊。1937 年，"抗战"爆发后被迫停刊；1946 年，复刊南京，龚德柏依然出任报社社长。龚德柏人称"龚大炮",曾经不无得意地自诩四个字——"胆大狂妄",并放言说"此四字,生是我的美评,死是我的嘉谥。""龚大炮"一篇辣文,把孙科轰了个灰头土脸,也激怒了广东省国会代表。

1948年4月23日中午,国民大会刚一散场。赫赫有名的国军悍将薛岳、张发奎亲率60多名"国大"代表,分乘两车,直扑《救国日报》,见人就打、见物就砸,报馆人员也不示弱,奋起还击。一时间椅子、棍子、墨水、浆糊满天乱飞。打着打着,薛岳、张发奎准备冲上楼去,活捉龚德柏,却不料迎面遇上两把双枪,只得乖乖止步。原来,龚德柏早已拔出平时护身用的家伙,守住楼梯口,声称如有人胆敢上楼,他必与之一拼。于是,铁血将军只好效仿妇人状,与"龚大炮"对骂一阵,然后愤愤而去。

龚德柏下得楼来,见报馆被砸得一片狼藉,不以为怒反以为喜,回头把孙科、薛岳、张发奎等人告上法庭,要求依法严惩,赔偿全部损失。最后,龚德柏居然胜诉。孙科为了保持自己的形象,不愿意看到事态扩大,只好忍痛让步,赔偿报社100亿元才算了事。

砸了报社事小,砸了"副总统"事大。第一轮投票结果出来后,蒋介

早在北伐时,白崇禧曾逼迫蒋介石下野。

当时，李宗仁竞选副總统，有很多代表對中央很不滿意，本來他們不會去幫助李宗仁的，那時對中央不滿的都去幫助他了。中央不希望李宗仁被選出來，大家偏要把他選出來，這恐怕是蔣介石所没有想到的。

李宗仁最终成功当选副总统，蒋介石气急败坏，国民党上层已是离心离德，各怀鬼胎。

石很快意识到孙科有点悬，于是紧急招来国民党中央组织部长陈立夫，当面指示其将可以控制的"国大"代表开列名单，以组织力量反击李宗仁。此外，蒋介石还召来黄埔系"国大"代表秘密训示说："李宗仁竞选副总统，无疑将一把利刃插入我的心胸。你们如果是我的学生，是我的忠贞干部，就应该替我把这柄利刃拔出来。"

可是，许多"国大"代表，特别是原三青团的"国大"代表明顶暗抗，并不买蒋介石、陈立夫的账。蒋介石一看不行，又赶忙让人大造舆论，攻击桂系大员一贯贪污成性，特别是安徽省主席李品仙主政安徽十多年，横征暴敛、搜刮民财，致使当地民谣把他讥讽为"天高三尺，地陷三丈"。意思就是说，桂系出身的李品仙搜刮安徽地皮，无所不用其极，地被刮得下陷三丈，天就显得高了三尺。蒋介石指桑骂槐，矛头直指桂系首领李宗仁。

尽管脏水泼了一大通，但选举的糟糕局面却无法泼干净。李宗仁得票虽然暂居第一，但仍未超过国民代表大会代表总额2/3的选票，不够法定当选票数。因此，依照法律规定，"国大"代表还得对得票前三名的候选人，也就是对李宗仁、孙科、程潜进行第二轮甚至第三轮投票。1948年4月24日，第二轮投票如期举行，票数位次仍然是李宗仁、孙科、程潜，没有一个超过法定票数。这意味着，第二天的4月25日，将举行第三轮投票。

事实证明，挑灯谋划于密室，黄绍竑"以退为进"的策略实在是一招妙棋。

在这个胶着不下的关键时刻，孙科率领的竞选智囊团生出一丝不祥的预感。如果不动用非常手段，孙科落选似乎已成定局。于是，在1948年4月24日晚上，尽管已是暮色苍茫，他们依然发动党部职员、宪兵警察一齐出动，到处对"国大"代表进行威胁利诱，公开叫嚣按照蒋介石意旨，孙科必须当选"副总统"，从者有官有钱，违者自毁前程。众人闹闹哄哄，直到大半夜，"国大"代表们不堪其扰，怨声四起。

此时，李宗仁也睡不着觉。灯影摇曳之下，他和黄绍竑、白崇禧听着外面乱哄哄的拉票声，心里也多少有点忐忑不安。面面相觑之际，黄绍竑力劝他应该赶紧出面制止这样无耻的拉票行动。正在这时，有人走了进来，递上了一张匿名攻击李宗仁的传单。李宗仁一看，惊出了一身冷汗。只见传单上赫然写着，所谓的"台儿庄大捷"纯属虚构，是李宗仁谎报战功所致。再一看，传单上公然质问李宗仁，值此民穷财尽之际，李宗仁若是廉洁自持之士，何来亿元之巨的竞选经费？黄绍竑见状，知道蒋介石为挺孙科当选，已经到了不择手段的疯狂地步。少顷，黄绍竑灵机一动，让李宗仁先退出竞选，采取"以退为进"的策略取得胜券。李、白二人大惊不解，我们已经连胜两轮，坚持下去一定会获胜，怎可半途而废呢？只见黄绍竑娓娓而说，如果德邻公退出竞选，孙科和程潜为自证清白，必然也会宣布退出竞选，这样选举势必无法进行下去。蒋介石肯定不会坐视不管，只能按照正常规则重新进行选举，如此一来德邻公必全胜无疑。不料，李宗仁听后，连连摇头。正在这时，又有人敲门而入，送来一份传单。这份传单直接攻击李宗仁这次参加竞选另有政治企图，一旦获胜，3个月之内必逼蒋介石出国当寓公。匿名传单言之凿凿，污蔑李宗仁夫妇敛财有术，夫人郭德洁往来内地与香港之间倒运贩卖珠宝黄金，李宗仁自己则在北平大搞权力寻租，大肆高价批售运煤执照赚得钵满盆满，高达几千亿元之多。李宗仁再怎么厚脸皮，也经不住这么中伤诽谤。心想，再不改弦更张，估计李家先祖都会被人从九泉之下拎上来，鞭打羞辱一番。

夜色深沉，墙上的时钟已经指向了次日凌晨两点。李宗仁坐下来，展纸挥毫，以"副总统"候选人名义致信国民代表大会主席团，声称："唯迩来忽发觉有人以党之名义座迫统制，使各代表无法行使其自由投票之职权。以此情形竞选，已失其意义。用特函达，正式声明放弃竞选。"明眼人一看，此信矛头直指蒋介石。写毕，叫人再誊写一封。一封送达大会主席团，另一封投送南京各大报纸，并派人分头通知那些"挺李"代表，明天概不出席选举大会。

第二天，李宗仁罢选的消息迅速传开，全国舆论顿时一片哗然，纷纷谴责这次"副总统"选举受人操控，黑幕重重，有失公正公平，民主宪政之原则荡然无存。随后，孙科、程潜相继宣布退出竞选，国民代表大会宣布暂时休会，延期再选，黄绍竑的"以进为退"策略果然奏效。

当天下午，蒋介石亲自召见白崇禧，表明自己立场公正，没有偏袒任何参选一方。那些针对李宗仁的谣言诽谤，一定是别有用心的反动分子兴风作浪，企图挑拨离间，破坏我们党内部团结，一定彻查到底，严惩不贷。最后，蒋介石委托白崇禧劝说李宗仁继续参加选举。

1948 年 4 月 28 日，国民代表大会复会，继续进行第三轮"副总统"选举投票，结果得票位次依然是李宗仁、孙科、程潜，程潜依法退出。第二天上午 9 时，国民代表大会进行第四轮投票，李宗仁、孙科进行最后的角逐。两个小时之后，选举结果出笼，李宗仁获得 1438 票，孙科获得 1295 票，李宗仁成功当选副总统。

消息传来，蒋介石气急败坏到了极点，在办公室里又是拍桌子又是摔杯子，几乎失去了理智。接着，他又坐车奔向野外，一会儿奔东，一会儿奔西，折腾大半天，仍是怒气未消。当选"副总统"的第二天，李宗仁夫妇前往蒋介石官邸进行礼节性答谢。结果，李氏夫妇二人在会客厅枯坐大半个小时之后，蒋介石夫妇才姗姗而出。

李宗仁成功竞选副总统，对于蒋介石而言，无疑是当头一棒。1948 年 5 月 10 日，蒋介石在日记中凄然写道："深夜静虑，此时只有前进，方是生路。凡事不能必其成功，也不能过虑其必败。"真是满纸无奈，饱含笔端。

第十章 落幕

1948年5月20日，南京城迎来了少有的喜庆日子。全城上下，张灯结彩，鼓乐喧天。这一天，南京国民政府隆重举行"行宪之年"的总统、副总统就职典礼。此时金碧辉煌的总统府内，身着华冠丽服的衮衮诸公、文武大员、驻华使节济济一堂，气氛庄严而典雅。少顷，二十一响礼炮轰鸣过后，赞礼官高声唱彩，恭请中华民国总统、副总统就位。众目睽睽之下，蒋介石、李宗仁一前一后走上台来。只见蒋介石身着中国传统的长袍马褂，显得沉稳大气，而紧随其后的李宗仁却一身戎装，颇欠庄重。这情景猛得看上去，李宗仁浑如一名跟随蒋介石左右的贴身马弁，显得有点滑稽可笑。

　　若干年后，李宗仁犹觉尴尬无比，对于这非常难堪的一幕依然耿耿于怀。他在回忆录中写道："我当时心头一怔，感觉到蒋先生是有意使我难堪。但再一思索，我立刻挺胸昂视，豁然若释。因为蒋先生以一国元首之尊，在这种小地方，他的度量都不能放宽，其为人如何也可想见了。"事实上，当年李宗仁获胜"副总统"，蒋介石犹如五雷轰顶，心中恶气实在难消，因此借两人就职典礼之机，实实在在地把李宗仁戏耍捉弄了一番。

　　在中国文化里，冠冕服饰历来是一种标志符号。对于政治人物而言，尤其如此。不同季节、不同地点、不同场合，穿衣着装更是讲究，不同的服饰装束不仅是身份地位的象征，也是释放不同政治信息的重要载体。李宗仁当然深谙此道，因此宣誓就职前，他为自己在典礼上的着装打扮颇动了一番脑筋。

　　眼看着离宣誓就职的日子越来越近，李宗仁接二连三地派出手下人，通过各种渠道旁敲侧击地打听蒋介石那天究竟穿什么衣服？不几天，有人回禀说蒋介石特意找人做了一身笔挺的"三星上将"大礼服，准备穿着出席就职典礼。李宗仁听后，心里打了一阵鼓，觉得典礼服装应该是中国传统的国礼服，长袍马褂才是庆典正装，怎么会穿美式军服呢？虽然嘀咕了半天，最后还是特意找了一个白俄高级裁缝，给自己订做了一身戎装大礼服。没过几天，蒋介石侍从室又传达正式命令，在总统、副总统就职庆典上，着装以军礼服为宜，这下李宗仁悬着的心才放到肚子里去了。

中华民国"行宪总统"蒋介石。

南京国民政府总统府大礼堂，蒋介石、李宗仁在此宣誓就任总统、副总统。

可是，到了 5 月 20 日那一天，李宗仁见到身着长袍马褂的蒋介石，顿时傻眼了。庆典马上开始，要想换装已经来不及了。听到赞礼官的叫喝声，李宗仁只好一身戎装跟着蒋介石走向主席台。此时，只听见那些挂在胸前的各式金属勋章还"当当"作响，李宗仁尴尬得差点找个地缝钻进去。

把李宗仁戏耍了一番之后，蒋介石开始动真格的了。宣誓就职 10 天之后，蒋介石突然发布总统令，宣布免去白崇禧的国防部长，由自己的心腹爱将陈诚接任。白崇禧调任"华中剿匪总司令"，率部驻防武汉。作为桂系军阀的领头羊，李宗仁、白崇禧多年以来"李白不分家"。而在此前，蒋介石对人称"小诸葛"的白崇禧历来存有戒心，从不外放其在外领兵，恐怕尾大不掉难以驾驭，一直用一些有名无实的虚衔高位把白崇禧羁留在中央任职，以便监督掌控。可是，李宗仁就任"副总统"后，蒋介石心生恐惧，担心桂系二巨头同在南京，联手共谋与己做对，于是干脆来了个"调虎离山"，活生生把"李白"二人拆分。

而此时，解放战争激战正酣。中共领导下的解放军以摧枯拉朽之势，所向披靡，国民党渐渐不支，蒋介石败象已露。1948 年 11 月 12 日，"辽沈战役"结束，国民党军队惨败，蒋介石 40 多万精锐嫡系部队灰飞烟灭。东三省染红之时，中原大地上的淮海战役也在徐徐拉开帷幕。环视天下，半壁江山竟在岌岌可危中瑟瑟颤栗。

第二天，追随蒋介石20多年的心腹"文胆"陈布雷绝望至极，自杀身亡。临别之前，忠心耿耿的陈布雷致书蒋介石说：今春以来，目睹耳闻，饱受刺激。自己已是油尽灯枯，万无保全生存之理。惊闻噩耗，蒋介石脸色顿变，双手发抖，战战兢兢地写下了一幅横匾："当代完人"。李宗仁则以副总统身份送去挽联，哀悼陈布雷："有笔如椽，谠论雄文惊一代；赤心谋国，渊谟忠荩炳千秋。"

对于陈布雷的死因，多年来一直众说纷纭。据说，陈布雷临死前曾给蒋介石写下了两封遗书，其中第二封遗书直言自己自走绝路的重要原因："今我所闻所见于一般老百姓之中，毒素宣传以散播关于公之谣言诬蔑者，不知凡几。回忆在渝，当三十二年时，公即命注意敌人之反宣传。而四五年来，布雷实毫未尽力以挽回此恶毒之宣传。即此一端，已万万无可自恕自全之理……"

陈布雷遗书大意说，现在诽谤中伤蒋介石的谣言无奇不有，而自己又

在就职典礼上，蒋介石故意羞辱李宗仁。

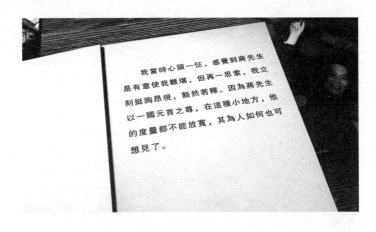

南京国民政府总统府。

李宗仁对于当年的一幕，一直耿耿于怀。多年以后忆及此事，对蒋介石依然颇多微词。

没有能力加以制止，实在是不可饶恕的失职之过。尤其是目睹耳闻"某同志之言论态度"，更是"饱受刺激"，因此以死报国。多年以后，国民党败退台湾，蒋介石回忆陈布雷死因时，不点名道姓地直指李宗仁。在这些流言蜚语中，桂系集团散布的"蒋介石必须下野"最为恶毒，陈布雷愤慨万分，遂以死抗争。

陈布雷的"死谏"，激起了蒋介石对李宗仁的新仇旧恨。特别是眼前时局动荡，解放军势如破竹，国民党节节败退。值此党国生死存亡之际，以李宗仁为首的桂系势力不思团结反共，反而在美国人的支持下愈发蠢蠢欲动，大有取代蒋介石而君临天下之势，"蒋李之争"渐趋白热化。于是，蒋介石决定痛下死手，准备铲除李宗仁这个和自己明争暗斗了20多年的

为防桂系军阀联手在南京对付自己，蒋介石外放白崇禧任职武汉。

辽沈战役结束，东北全境解放。

蒋介石『文胆』陈布雷绝望至极，留下遗书，服药自杀。

蒋介石率众悼念陈布雷，手书"当代完人"四字追谥跟随自己20多年的陈布雷。

金兰兄弟，快意恩仇。

陈布雷死后没几天，远在昆明的国民党保密局云南站站长沈醉突然接到一封加急电报，要他速飞南京接受绝密任务。电报落款署名"以炎"，正是他的顶头上司毛人凤。沈醉不敢怠慢，立即飞往南京。两人见面之后，毛人凤屏退左右，表情严肃而神秘地传达了蒋介石的命令，由沈醉牵头成立"特别行动小组"，目标是暗杀李宗仁。

在国民党保密系统中，沈醉素以"干练果敢"著称。没过几天，南京傅厚岗路30号的弄堂口出现了一家小书店，暗杀小组开始在李宗仁公馆附近撒网布控，严密监视李府上下的一举一动。同时，沈醉派人专门绘制了李宗仁公馆的平面图。经过反复研究推敲，整个暗杀计划也渐渐成形。李宗仁公馆坐北朝南，占地面积4500平方米，主楼为西式带阁楼的3层楼房，院内松木蔽日，花草茂盛，水池假山，精巧别致，周边环绕着一人多高的青砖外墙，上面电网密布，外人很难轻易进入。"百密必有一疏"，暗杀小组很快盯上了李公馆墙外的一根电线杆子，于是决定暗杀行动开始时，先派一人假装修理电灯，爬上电线杆子，剪断电线切断电源，然后轻声跳入院内，再悄悄潜入厨房之中，手端冲锋枪冲到楼上卧室，一阵乱枪直接把李宗仁打成筛子。

除此之外，为了防止李宗仁突然离开南京，暗杀小组又在机场附近的光华门外布下棋子，秘密开设了一家小杂货店为掩护，全天候地监视机场的动态情形。

一旦发现李宗仁准备乘机逃走，立即报告毛人凤通知空军，出动战斗机在空中把李宗仁的座机予以击毁。据说，蒋介石甚至亲自出马，配合暗杀小组的空中斩首计划。有一天，李宗仁夫妇突然接到蒋介石的邀请，大家找个时间共进午餐。李宗仁夫妇如约而至，宋美龄热情出迎。4人落座之后，免不了假装客气寒暄一番，互扯闲篇。看似无意之间，宋美龄问道，李副总统刚从北平回来，是怎么回来的？是坐专机吗？李宗仁回答说自己是乘坐美国运输机回到南京的。宋美龄故作惊讶地说，德公现在都贵为民国"副总统"了，怎么连专机都没有呢？我把我的"美龄"号飞机送给你，这样以后出行就方便多了。李宗仁一听，连连摆手，推却说："我哪敢要夫人的专机，非常感谢，不敢当。"传说，这是蒋介石精心设下的一局，

美国政府对华政策大逆转，实施"抑蒋扬李"之术，蒋介石最终为美国所抛弃。

如果李宗仁夫妇胆敢登上飞机，只要一离开跑道，直接用高射火炮将其击落。

　　1948 年 12 月末，寒冬凛冽，蒋介石的冬天也黯然降临。此时，淮海战役的炮火接近尾声，国共两党中原逐鹿已见分晓，国民党败局已定，南京、上海等地人心惶惶。李宗仁一见，赶蒋下野的机会来了，赶忙让坐镇武汉的"华中剿匪总司令"白崇禧出面逼蒋。12 月 24 日，白崇禧给蒋介石发来了著名的"亥敬"电报，声称"人心、士气、物力已不能再战"，力主与共产党谋求和平谈判，狠狠地在蒋介石胸口上插进了一刀。第二天，中共新华社发表首批战犯名单，一共有 43 人，蒋介石名列榜首。外呈不堪之状，内有萧墙之祸，局势已然到了不可收拾的地步。此时无论是战是和，蒋介石都无能为力了，只能无奈地眼睁睁看着夕阳残照江河日下。

　　按照当时的"总统制"框架设计，"副总统"被称为"备位元首"。在任期之内，如果象征国家元首的"总统"因死亡、犯罪等原因被解除职务或者不能视事时，由"副总统"接替"总统"职务，代行国家治理大权。尽管此时，"总统"之位恍如火山之口，灼热难捱惶惶如众矢之的，谁坐上去谁难受。但权力实在充满着挡不住的诱惑力，在李宗仁的眼里，只要是"总统"，哪怕是一个收拾"烂摊子"的总统，照样光宗耀祖，人前显贵。桂系军马摸爬滚打这么多年，和蒋介石明争暗斗这么多年，不就是为了登上权力的顶峰吗？于是，桂系巨头再次双双联手逼宫，只要轰蒋下台，李宗仁就是当仁不让的中华民国总统了。

可是，出人意料的是，对于白崇禧的"主和"电报，蒋介石理都没理，弄得白崇禧一头雾水，和李宗仁猜了半天，不知道老蒋葫芦里到底卖的什么药。此时，平津战役开始轰轰打响，华北地区也是危在旦夕，局面正急速朝着不利于蒋介石的方向奔跑而去。白崇禧决定趁热打铁，6 天之后，也就是 1948 年 12 月 30 日，"小诸葛"又一次致电蒋介石，重申与中共罢兵言和，南北妥协划江而治。在此前后，湖南省主席程潜、河南省主席张轸居然公开通电全国，要求蒋介石下野。

蒋介石一看这架势，明摆着又是李宗仁在背后煽风点火，于是招来毛人凤，特别交待暗杀小组立即进入待命状态，只要自己一声令下，马上让李宗仁身首异处。1948 年的最后一天，蒋介石召集副总统李宗仁、行政院

时局糜烂已经到了不可收拾的地步，蒋介石只好宣布下野，由李宗仁代行总统职权。

时任华中剿匪总司令的白崇禧。

院长孙科、立法院院长童冠贤、监察院院长于右任、总统府秘书长吴忠信、国民党中央常务委员张群、张治中等 40 余人来到总统府，谈论时局，寻找对策。第二天，蒋介石发表新年文告，提出"只要和议无害于国家的独立完整，而有助于人民的休养生息；只要神圣的宪法不由我而违反，民主宪政不因此而破坏，中华民国的国体能够确保，中华民国的法统不致中断，军队有确实的保障，人民能够维持其自由生活方式与目前最低水准"等前提条件下，国共两党可以开启"和谈"。

蒋介石的新年文告发表后，一时流言四起。蒋介石转向"和谈"，实在是桂系势力威逼所致。更有甚者，风传李宗仁参加"副总统"竞选之初，早已下定逼蒋下台的决心。其实，真正逼蒋下台的还有美国人。当时担任美国驻华大使司徒雷登秘书的傅泾波曾经出面，找到行政院院长孙科直言不讳地声称，蒋介石是国共进行"和谈"的最大障碍。孙科一惊，反问道："这是你个人的意见还是司徒雷登的意思？"没过几天，司徒雷登自己解释说，作为一个美国驻华的大使，我是无法表明自己的态度；但是，作为一个长期在华从事教育文化的人，我认为"和谈"是非常重要的。言下之意已经明确无误，美国政府支持李宗仁上台主持国共"和谈"。

1949 年 1 月 14 日，新华社发表了中共关于时局的声明。在声明中，毛泽东提出了实现真正和平的"八项主张"：一、惩办战争罪犯；二、废除伪宪法；三、废除伪法统；四、根据民主原则改编一切反动军队；五、没收官僚资本；六、改革土地制度；七、废除卖国条约；八、召开没有反动分子参加的政治协商会议，成立民主联合政府，接收南京国民党反动政府及其所属各级政府的一切权力。

蒋介石知道，中共已经把他直接排除在"和谈"行列之外，剩下的只有一种选择，自己退隐下野，推出李宗仁与中共周旋。如果再"主战"下去，逼得李宗仁、白崇禧铤而走险，效仿张学良、杨虎城给自己来一个"兵谏"，重演一幕当年的"西安事变"也不是不可能的。于是，1949 年 1 月 21 日，南京中央社播发了蒋介石声明："战事仍然未止，和平之目的不能达到。本人因故不能视事，由副总统李宗仁'代行'总统职权。"李宗仁听到后，大发雷霆：什么叫"代行总统"？蒋介石真是个"流氓无赖"。

其实，早在 10 天前，蒋介石曾经亲临李宗仁官邸，告诉李宗仁自己准备隐退下野。多年以后，李宗仁回忆起这一幕：此次我们见面，蒋先生

即使有名无实，总统宝座对李宗仁还是充满了巨大诱惑。

南京傅厚岗路30号，李宗仁官邸。蒋介石曾布置特工人员，准备刺杀李宗仁于家中。

对引退的事说得非常具体。"我支持你"，蒋先生说："你出来之后，共产党至少不会逼得我们这么紧！"。我还是坚决不答应，蒋先生便回去了。此后不久，蒋介石又找到李宗仁要他"继任总统"，又遭拒绝。蒋介石便搬出宪法说事，现在我不干了，按照宪法规定，便是你继任。你既是副总统，你不干也得干！"1949年1月21日上午，蒋介石在总统官邸紧急召集党、政、军大员举行会议，面对众人坦言表示自己准备引退，由李宗仁依法行使"总统"职权。谁知，蒋介石话音未落，居然有人放声大哭。陈立夫站起来，高声说道，蒋总统一身系军心、民心所望，不能走，不能退。一旦下野，党国就完了。只见蒋介石斜眼瞟了一眼李宗仁，话中有话地说道："我不是被共产党打倒的，我是被本党的某一个派系打倒的。"但是，蒋介石在随后的下野声明中，不仅没有出现"引退"的字眼，李宗仁则由原来的"继任"总统变成了"代行"总统，实实在在又被老蒋耍了一把。恼怒之余，李宗仁向总统府秘书长的吴忠信大发牢骚，结果吴忠信回答说，你能把门前的卫兵调到门后去吗？如果连这个都做不到，你还争什么呢？一句话说得李宗仁目瞪口呆，被迫接受了这个"代行总统"的头衔。1949年1月24日，在监察院监察委员居正的监誓下，李宗仁宣誓就职，开始了自己的"代总统"生涯。

上台伊始，李宗仁便发表了三条施政纲领：一是与中共和谈；二是谋求"体面的和平"，进行民主改革，获得民众支持；三是寻求美国帮助，稳定通货膨胀。

李宗仁如意算盘的核心非常明确，企图通过国共"和谈"，实现两党"划江而治"的梦想。为了表达"和谈"诚意，李宗仁提出要释放被囚多年的张学良、杨虎城，结果找了半天，竟然打听不到二人下落。陈诚劝他说，这个事情当年是由蒋总裁亲自交办军统局的，别人不方便插手。

1949 年 1 月 27 日，李宗仁致电毛泽东称：南京政府愿意在贵方所提"八项主张"的基础上进行"和谈"，并希望中共尽快确定"和谈"地点。谁知，这封电报墨迹未干，突然传来消息，行政院院长孙科正在将行政院迁往广州，理由看似无可辩驳，南京城已在解放军炮火射程之内，在此办公安全难以保障。接着，立法院也脚底抹油，南逃广州了。所谓的"南京政府"剩下一副空壳，只有李宗仁独坐总统府了。据说，当时李宗仁连找点打印文件的纸张都很困难了。窘迫之状，可见一斑。

原来，早在蒋介石下野之前，陈诚已经奉命把国库洗劫一空，把全部

李宗仁准备释放张学良、杨虎城的总统令，最终只能是一纸空文。

1949 年 10 月 1 日，毛泽东宣告中华人民共和国中央人民政府成立。

黄金、美元装上军舰运往台湾。此时，李宗仁要求陈诚回运部分美金到南京，以支撑政府机构的正常运转，遭到陈诚婉言拒绝。李宗仁只好饮鸩止渴，继续大量印刷废纸般的金圆券，以致物价飞涨，金融市场频临崩溃。此外，蒋介石还密令国民党海军、空军的布防中心向南转移，李宗仁只能徒然叹息，"蒋记部队"岂是他这个"代总统"所能指挥得了的吗？李宗仁在其回忆录里写道："蒋先生在下野前夕，既已准备放弃大陆。他要我出来，显然是借刀杀人，好让他争取时间，抢运物资赴台。此种司马昭之心，连美军顾问团也看出来了"。

蒋介石的种种掣肘拆台，让李宗仁激灵灵清醒了许多，只要蒋介石一日不去，他李宗仁就难有一丝一毫的作为。为此，李宗仁痛下决心，不惜一切手段逼迫蒋介石出国。他一面请求美国助他阻蒋"干政"，一面亲自写信给蒋介石，声称如蒋不停止干政，他将"决心引退，以谢国人"。一时间舆论汹汹，"蒋不出国救国无望"的呼声此起彼伏，把"逼蒋出国"推向了高潮。口诛笔伐之外，李宗仁还委派张治中前往奉化溪口，在蒋介石的祖宅里转达"逼蒋出国"的"代总统"命令。老蒋一听，愤然反驳说，我不当总统可以，但我是中国公民，我有在中国生活的权利，谁也无权把我赶走。张治中碰了一鼻子灰，只好灰溜溜地跑回南京复命。李宗仁听完，只好打消"逼蒋出国"的念头，回过头来，加紧国共"和谈"。

1949 年 2 月 14 日，李宗仁干脆甩开孙科和行政院，派出颜惠庆、章士钊等 4 人飞往北平，打着"上海人民和平代表团"幌子，先期和中共进行试探性谈判。4 月 1 日，李宗仁正式派出以张治中为团长的谈判代表团，抵达北平。据说，中共首席谈判代表周恩来一见到张治中，就神色严肃地指责说，蒋介石已经下野，你和我们谈判，为什么还要去奉化溪口请示他呢？张治中尴尬一笑，蒋介石大权依然在握，我不请示他行吗？最终，这场"不许讨价还价"的谈判只能以破裂而告终。1949 年 4 月 21 日，毛泽东、朱德发布了渡江命令，两天后解放军攻占南京。李宗仁仓皇出逃。10 月 1 日，远在广州的李宗仁，守在广播旁边收听了新政权的开国大典。

后来，李宗仁不敢前往台湾，只能只身赴美，以中华民国"代总统"身份做起了政治寓公。1950 年，蒋介石在台湾宣布复任"总统"，并在两年后授意监察院通过对李宗仁的弹劾案，终于免去了李宗仁的"代总统"职务。消息传来，李宗仁不无感慨地叹息说："蒋介石统兵、治政的本领均极低能，但使用权谋、运用诈术则天下第一。"至此，在民国短短的 38 年间，围绕大总统宝座，8 位民国总统竞相登场，不惜动用战争、武力、暗杀、收买等各种厚黑手段，上演了一幕幕云谲波诡的争斗大戏。然而，"人间正道是沧桑"，用权术和阴谋搭建起的纸牌屋注定脆弱不堪，必败无疑，这就是历史的铁律。

（2015 年 7 月 16 日）

后　记

2014 年 4 月的时候，北京水木欣欣传媒公司向凤凰卫视申报了一个选题，准备为《凤凰大视野》栏目拍摄制作 10 集纪录片《民国纸牌屋》。其后，三四位编导参与进来，开始紧张地拍摄采访，先后采访了多位中国近代历史、民国历史研究的顶级专家学者，比如杨天石老师、马勇老师、张北根老师，还有南京的高晓星老师、王晓华老师、郭必强老师、杨石老师等。

但是，由于编导水平参差不齐，大概到了 11 月底，10 集文稿怎么也统不起来。这意味着 10 集片子可能会因此搁浅，难以进行下去，制作团队大半年的心血有可能付诸东流。此时，我有点临危受命，接受邀请，担任 10 集片子的统稿工作。

对于民国历史，每个人其实并不陌生。但是，要把当年民国政坛上的"总统权力之争"讲清楚也绝非易事。我开始着手消化先前的文稿，阅读相关书籍，查阅相关资料，每天把自己埋在那段百年前的时光里，如此这般十多天过去了。

这时候，北京政协的徐定茂老师出现了，他是曾任民国大总统的徐世昌的后人。徐老师非常热情认真，是《民国纸牌屋》创作的关键人物。在徐老师的穿针引线下，2014 年 12 月 10 日，我们一行来到了天津，决定采访民国政要后人。

当天下午两点，在天津《今晚报》王振良老师的同仁书屋里，我们架起了摄像机，开始采访民国后裔。他们是袁世凯之孙袁家诚老师、张勋之孙张青霖老师、曹锟孙女曹继丹老师、徐世昌第 5 代传人徐定茂老师，其次还有《千秋功罪袁世凯》一书的作者周醉天老师、天津社科院的万鲁建老师。整个采访过程一直持续到晚上 9∶30，长达 7 个多小时，为我从事电视创作以来最为艰苦的一次采访。

给我印象最深的是，这些民国后裔因为身世的原因，在"文革"中都饱受磨难。但他们身上所浸淫的家传风骨，不时扑面而来，那种名门望族中"见过大世面"的精神力量并未因苦难而泯灭。提到"袁大总统"时，袁家诚老师说我为爷爷感到自豪，他是日本人的死敌；提到"张勋复辟"时，张青霖老师说历朝历代都需要忠臣，爷爷当时虽然逆历史潮流而动，但做了一个臣子应该做的事情；提到"曹锟贿选"时，曹继丹老师气愤得情绪激动。她说，爷爷是她一生崇拜的偶像，仪表堂堂不逊于现在的"阳光男孩"。原本家里藏有很多很多爷爷的照片，可惜在那场浩劫中全部被烧毁了。

周醉天老师不愧"天津名嘴"，接受采访时口若悬河，滔滔不绝。我当时也没准备具体的采访提纲，只好按照时间顺序，探讨了大半天袁世凯的是非功过。7个多小时下来，我已精力不抵，只好结束采访。周老师意犹未尽，问了一句，是不是过几天还要补拍？

第二天，我们又在海河之畔，补拍了袁世凯、冯国璋、徐世昌、曹锟等民国风云人物的故居。接着，又跑到听闻已久的天津小站，此时才知道她是紧挨塘沽的一座小镇。风雨沧桑，百年之前袁世凯督练新军的地方已无任何旧踪可寻，有幸小站镇"复古"了一番，让后人略可领见当年气象。

天津归来，紧张的统稿开始了，前前后后大约耗时40天，不疯魔不成文，经过苦熬终于成篇。之后，在徐定茂老师的支持下，北京水木欣欣传媒的制作团队再度上阵，按照脚本赶拍了大量情景再现，接着进入后期编辑制作。今年春节刚过，把10集成片交给了凤凰卫视，6月初终于播出，反响还好。

《民国纸牌屋》播出后，热心的周醉天老师极力周旋，向团结出版社的编辑赵真一老师推荐出书。于是，我就赶鸭子上架，在纪录片文稿的基础上，进行了二度加工修改，这就是现在呈现在读者朋友面前的这些文字。

我不是研究历史的专家学者，只是作为一个媒体人，做了一名普及历史的"翻译者"，导读一下百年之前的那段风云。在这个过程中，我秉承着八个字，那就是"尊重历史、还原历史"。错误之处，敬请批评指正。

　　历史是一面镜子，能够照亮未来。当时的中国面临着特别好的历史机遇，可惜都被无情地错过了！只有一句话，中华民族实在是多灾多难，历史波谲云诡，关键之时总是阴差阳错，真是令人嘘唏感叹，扼腕痛惜！其实，民国的所谓"黑暗"，早已注定在那个春寒料峭的夜晚，一声枪响，宋教仁倒于血泊之中，民国历史从此大逆转。

　　在此，还要特别感谢李茜茜帮助修整图片，很多老旧照片得以复原。感谢文中提及或者未提及名字的所有老师！正是在他们的支持鼓励下，才有《民国纸牌屋》的面世，感谢他们！

宫兆波

2015 年 10 月 10 日